ROSEMAR

y 12

Quebrando Barreras

Volumen 5

El poder está en el compromiso

2023

Editorial:

Ediciones Autores de Éxito®

www.analiaexeni.com

ROSEMARIE SÁNCHEZ y ANALÍA EXENI

Fundadoras y directoras de **Sagas de Éxito**®

www.sagasdexito.com

UNA ESPECIAL DEDICATORIA

*A todas las personas del mundo que,
a pesar de sus caídas,
no han perdido la fe.
Con la esperanza de que,
leyendo estas páginas,
la sostengan, y esta
se vuelva infinita
y les traiga mucha luz
a su existencia.*

¡Bienvenido a casa!

En estas páginas, encontrarás un nuevo hogar, una nueva familia. Los coautores de esta obra (oriundos de Argentina, Canadá, Chile, Colombia, Ecuador, El Salvador, España, Estados Unidos, México, Perú y Venezuela) serán de ahora en adelante parte de tu nueva vida.

Este libro es un remanso para aliviar cualquier fracaso. Sus palabras, tan impregnadas de sabiduría y hermosura, te permitirán elevarte como ser humano y habitar una dimensión trascendente, donde nada es imposible, donde juntos construimos un mundo de éxito.

Desde hoy, puedes ponerte en contacto con nosotros cuando lo necesites, a través de nuestras redes sociales. Estamos a tu disposición. Ya nunca más sentirás soledad: llegamos para quedarnos a tu lado. Unidos, conformamos una comunidad que se extiende por el mundo, creadora de lazos de amor, amistad y hermandad.

Al final de algunos textos, encontrarás consejos que te ayudarán a atravesar momentos difíciles, sugerencias que generan una atmósfera benéfica, tanto para ti como para aquellos que te rodean. ¿Te agrada esta idea? En estas páginas, descubrirás historias que llegarán a tu corazón. Historias de angustia, de lucha y de profundo valor.

¡Disfruta cada capítulo como un tesoro, amado lector! Este libro representa un soplo de aire fresco: te brindará fortuna y te enriquecerá más allá de lo que imaginas. Va dedicado por completo a ti. Tú, que has decidido tomarlo en tus manos.

Tú, quien nos motiva e impulsa a seguir escribiendo, acorde con los planes de Dios.

ÍNDICE

PRÓLOGO

XIMENA LAGOS PROVOSTE

La vida es divina; más si la vivimos con el poder del compromiso.

En esta obra, vas a encontrar la experiencia de catorce personas, de diferentes edades, países, géneros y profesiones, las que develarán sus vivencias, su verdad acerca del poder del compromiso.

Cada uno de ellos será un vehículo capaz de transportarte a un nuevo nivel en tu vida, si tú así lo quieres. **Ellos serán la escalera del amor que te irá guiando peldaño a peldaño hacia el cielo aquí en la tierra**, de acuerdo con las decisiones que extraigas de la información que vayas recibiendo. Podrás así tomar las riendas de tu sueño hasta que aparezca en el horizonte una cálida luz, la que se irá acrecentando cada vez más con la acción y la actitud que asumas, hasta llegar a la meta que te has fijado.

Me siento muy honrada de que se me haya dado el privilegio de escribir estas notas al comienzo de esta gran obra, **cierto que es un gran compromiso, el que acepté gustosa y con mucho agradecimiento por lo recibido de estas mentoras.**

Les quiero compartir mi sentir a través de una analogía: Sagas de Éxito® y yo como escritora.

Experimenté el poder del compromiso de dos grandes mujeres, y el mío. Entonces, uno de mis sueños olvidados revivió al escuchar en una cumbre virtual la conferencia Cómo Escribir tu Libro *Best Seller*, dictada por la licenciada Analía Exeni, y posteriormente otra conferencia Tu Marca Personal te Define, por la licenciada Rosemarie Sánchez. Dos conferencias magistrales de dos magníficas mujeres. **Y, como la sincronicidad existe (no la casualidad), se dieron el momento y el tiempo oportunos en que las conocí, y hablamos de la importancia de trascender a través de un libro.**

Estaba sumamente interesada en lo que decían estas dos damas muy motivadoras y dinámicas; con palabras asertivas y sencillas, mostraban lo que ellas podían hacer por cada unx de nosotrxs. Recuerdo que mi motivación crecía y crecía; yo aplaudía, asentía con la cabeza, estuve en movimiento toda la sesión. Después, como tenía sus datos, las busqué, y supe que eran creadoras de dos grandes empresas, con un crecimiento exponencial de sus aprendices escritores, llamadas Sagas de Éxito® y Universidad de Éxito®. Me contacté y, como estaba altamente motivada, inmediatamente me inscribí.

Fui treinta y ocho años académica en una universidad de Chile, mi país de origen. Me prometí escribir un libro, hice todo lo que estuvo a mi alcance por conseguirlo. Se exigía perfección, y no pude nunca concretarlo. Como era un sueño, una promesa, lo olvidé, porque era compromiso con lo externo que so o requiere acción, trabajo constante, persistencia para salvar las adversidades, y lograr el fin.

En esta bendecida cumbre (septiembre de 2020), con la presencia de Analía y Rosemarie, a las que admiro y bendigo, dos mujeres extraordinarias, se reactivó esta promesa en mí, frente a estos sucesos sincrónicos, que en ese determinado momento ocurrieron, sin una causa aparente, y que **me enfocaron nuevamente hacia ese sueño, reactivándolo, invitándome a la acción, a través de un compromiso más trascendente, con conexiones más profundas, más íntimas**. Estaba ahora vinculado a mi mundo interno.

Analía Exeni ha recibido el doctorado *honoris causa*, distinción concedida en reconocimiento a sus méritos como persona y experta en materias afines, como la brillante escritora con más de cien libros de su autoría. Yo reconozco y comparto plenamente esa afirmación, ella es divina, además, superexperta en su temática. Una frase que llegó a mis oídos y despertó mi motivación, parafraseándola, es la que sigue: **buscar la perfección es mediocre, porque no existe (en este plano terrenal); sí o sí hay que ir a la acción.** Para perfeccionar vuestros escritos, los respaldará un equipo de expertos en diferentes disciplinas.

Por su parte, la doctora *honoris causa* Rosemarie Sánchez nos hablaba de *marketing* y de cómo tu marca personal te define, tema que era completamente desconocido para mí. Ella, con su dinamismo, logró despertar en mí el interés en su temática, la que maneja con gran *expertise*. El reconocimiento como doctora lo obtuvo por sus grandes méritos personales y por su dominio del área disciplinar.

Inmediatamente tomé acción y me inscribí. Mi meta era aprender a llegar a un público al cual pudiera ayudar. Esto fue en septiembre. Las sesiones eran a través de Zoom, eran internacionales, ya que nuestras grandes mentoras viven en diferentes sitios: la doctora Analía Exeni es de Argentina, y la doctora Rosemarie Sánchez es venezolana radicada en Canadá. Además, los aprendices éramos de diferentes países.

En octubre, dichoso mes, en plena primavera, cuando mi tierra florece, se escucha el trinar de pajaritos y aparecen maripositas revoloteando por doquier, mi corazón se llenó de amor, expectativas y alegría, porque algo que cambiaría mi vida comenzaba a emerger. Llegaron las primeras actividades de Sagas de Éxito®, que echaron a volar mi sueño muy alto. Asumí este compromiso con mi Ser interno; de inmediato nacieron movimientos del mecanismo de cambio y la transformación de una aprendiza a una escritora.

Este profundo compromiso con mi primer libro permitió que, de forma instantánea, surgiera la acción efectiva. Esto se vio favorecido por la excelencia de nuestras sesiones, desarrolladas en un ambiente de estudio muy acogedor, cargado de armonía y amor, donde reinaba la confianza y nuestras consultas eran respondidas con mucha paciencia y cariño. Llevábamos tareas conducentes a la creación de nuestro capítulo y, al término del curso (fines de octubre), este estaba terminado. Lo enviamos a Analía, y ella nos lo envió nuevamente ya formateado, listo para recibir nuestro visto bueno y enviarlo a la imprenta.

Cuando leí mi capítulo, no podía entender cómo yo había escrito esa obra casi perfecta. No tuve correcciones que hacer, solo me maravillé. Y salió a la preventa, ya mi sueño se había concretado con creces. ¡Guau!, y otra sorpresa, porque **lo que ofrece Sagas de Éxito® se concreta: fue *best seller* en cuatro países.** Todo fue un sueño hecho realidad.

Luego, fui a Universidad de Éxito®, donde logré escribir mi primer libro como autora, también fue *best seller*, y tuve que dar una conferencia internacional, vía Zoom, sobre este libro.

Solo tengo agradecimiento para Sagas de Éxito® y mi reconocimiento a mis mentoras y amigas, Analía y Rosemarie, por su excelente y motivador trabajo, donde se refleja claramente su trascendente poder del compromiso con su loable labor. **Ellas te llevan de las tinieblas a la luz y te posicionan en un lugar de éxito frente al mundo entero.** Por esta razón, yo les brindo mi reconocimiento y nombro a mis mentoras mis granDIOSAS maestras.

Así de fácil resulta escribir cuando hay una fuente y dos de sus faros están a cada lado para iluminarte. **Todos tenemos una historia que contar, la que, sin duda, ayudará a otra persona.** Si ustedes quieren ayudar al prójimo con su historia, los invito a que lean este volumen e ingresen a Sagas de Éxito® con las mejores.

Chile, marzo de 2023

Ximena Lagos Provoste

Escritora *best seller* internacional

Conferencista internacional

Universidad de Éxito®

BIOGRAFÍA DE XIMENA LAGOS PROVOSTE

Ximena Lagos Provoste es una mujer imbatible que ha superado la adversidad. Es valiente, honesta y alegre. Nació en Los Ángeles, Chile, y es la tercera de cuatro hermanos. Tuvo una infancia maravillosa, pero sobreprotegida. De adolescente, fue crítica de la realidad. Estuvo felizmente casada por cincuenta años con Juan, es madre de dos hijos y abuela de seis nietos.

De profesión, es matrona y académica de la Universidad de Chile y Frontera.

En junio de 2022, ha recibido la certificación en *Marketing* Digital para Redes de Mercadeo por parte del Instituto de Capacitación y Emprendimientos, IDECAM, y la certificación «Construye tus motivaciones, edúcate», por parte de la ASCIRA *business school*.

Es autora internacional *best seller* por su brillante participación en diferentes libros de Sagas de Éxito®, ellos son *Mujer Imbatible vol. II, Mujer Imbatible vol. III, Mujer Imbatible vol. IV, Universo de abundancia Vol. 1* y *Frases transformacionales que quiebran barreras*. Se ha destacado con el rotundo éxito de su propio libro *best seller Sexo es Amor* en idioma español e inglés y por ser la estrella y autora principal en el *Libro de ORO de Ximena Lagos Provoste*, el mayor galardón de Sagas de Éxito® 2020.

Ha participado en el excelente programa de Universidad de Éxito®, de la mano de sus fundadoras, Dra. Analía Exeni y Dra. Rosemarie Sánchez.

Actualmente, está desarrollando el brillante programa de franquicias de Sagas de Éxito®, que incluye Universidad de Éxito PRO® con Líderes Empresariales de Éxito® y Universidad de Éxito Máster®.

Como resultado del éxito de su franquicia, ha publicado su libro *best seller* «LIDERAZGO ES AMOR: Tendencias de triunfo», junto a doce coautores galardonados internacionalmente.

Quebrando Barreras Vol. 5
EL PODER ESTA EN EL COMPROMISO

«El compromiso con lo externo solo requiere acción y persistencia; en cambio, el compromiso vinculado a tu mundo interno posee conexiones más profundas, más íntimas, que reactivan tus sueños».

Ximena Lagos Provoste
XimenaLagosP
ximenalagosprovoste
xlagosp@gmail.com
Autoraximenalagos@gmail.com

Prologuista
Ximena Lagos Provoste

ROSEMARIE SÁNCHEZ

De Venezuela, México y Canadá

DE UNA IDEA A UN IMPERIO: ¡SOY LIBRE!

Cuando reflexionaba acerca de cómo empezar este capítulo, me surgían muchas dudas, ya que el compromiso, en verdad, tiene un gran poder. No se puede ni siquiera pensar que seremos los mismos si hay tal poder en nosotros.

Todos alguna vez en la vida hemos sentido el alma desvanecer en pedazos por la falta de compromiso a algo, pero realmente **es con nosotros mismos con quien debemos comprometernos, porque somos la fuerza y el eje de todo lo que tenemos a nuestro alrededor**. No hay un estímulo sin compromiso porque, desde que nos despertamos, estamos comprometidos a iniciar un día, para hacer el bien o el mal. Y todo depende de las decisiones que tomamos. ¿No es ahí donde radica el mayor poder?

En ocasiones, muchas personas no pueden alcanzar sus objetivos, tristemente, por falta de compromiso. Mi vida misma me ha demostrado que, cuanto mayores sean los compromisos, mayores son las responsabilidades y que, si queremos que algo suceda, el único responsable es uno mismo.

Gracias a Dios, mi padre celestial, mi vida ha tenido muchos compromisos cumplidos. Primeramente, quebrando barreras desde mi ser interior y cambiando el patrón de pobreza desde lo espiritual, psíquico, físico y mental. **Podremos concretar una obra maestra cuando entendamos que cada uno, por separado, es una pieza del rompecabezas que une una vida con otra. Y ahí radica el mayor poder que nuestro Abbá nos ha dado desde el fundamento de la vida.**

Pero hablemos de la palabra *vida* y de la vida en abundancia. La vida que, como instrumento, tiene vitalidad y ejerce una función: sin vida nada se crea y con vida todo se da. Es por tal motivo que la mayor fuente de energía ya existe y radica en tu vida y en la mía: somos seres humanos de abundancia total.

Entendiendo la infinita abundancia que existe y radica en nuestro ser, busco nuevas etapas de vida, y vida en proezas y hazañas. Cuando comprendemos que la vida da ese aporte de fe, todo empieza a crecer, y entonces podemos fijar metas concretas y darles vida.

Concluimos que eres un ser prominente; por ende, **es necesario declarar nuestro mayor compromiso, que radica en el poder de amar, de dar, de perdonar**. Por ello, nuestro amado Dios Yeshúa se hizo carne, hombre; llevó consigo nuestras transgresiones y se comprometió con la salvación tuya y la mía, la que, como tal, da vida al que recibe en su alma y en su ser todo lo que Dios nos da como legado, que es su reino en la tierra, y nos mantiene con la viva fe y la esperanza de heredar su reino, el de los cielos.

Cuando nuestra alma se abre a procesos de poder, cuando manifiesta y crea nuevos patrones de grandeza y creencias, entonces sentir, palpar, conocer la presencia de su Espíritu Santo es simple y sencillo. Dirán los incrédulos que somos locos, pero locos disfrazados del éxito protagónico que Dios ha preparado con el propósito de vida que tiene para nosotros.

Jesús nos dijo en su palabra: «Toma tu cruz y sígueme». Ese poder y esa parábola están tatuados en mi alma porque, al conocer su grandeza, no es un sacrificio que duela, sino realmente la libertad que con ello se da. He aquí tu mayor libertad, la que Dios Padre nos ha dado con la renuncia al pecado, y la verdadera felicidad. Parece muy difícil al principio, pero es como todo, una vez que emprendes esa carrera con Dios todopoderoso, se abren los mares, los problemas empiezan a tener color y sentido, toda adversidad comienza a verse sencilla, y **es cuando realmente tus ojos espirituales se alejan de la ignorancia espiritual, o sea, se abren de la oscuridad a la luz incandescente**. Eso ha sido mi quebrar de barreras.

Esta saga, *Quebrando Barreras*, nace a raíz de ese despertar, del renacimiento que conduce de la oscuridad a la luz, cuando todo empieza a tener sentido para el ojo humano. Si no has leído todavía el primer volumen de esta saga y los subsiguientes, te llamo a la consciencia para hacerlo. Todo se relaciona, como el rompecabezas del cual te he hablado. **Es así como nació, en esa luz de amor y consciencia conmigo misma y con todos los coautores que se destacan en esta maravillosa saga, los que (con lágrimas te digo) han demostrado un poder de compromiso sin igual**.

Un día nació un sueño muy grande en mi corazón; viendo el atardecer, le dije a mi papá Dios: «Quiero que mis palabras no sean las mías, sino las de tu poder, Señor; que pueda viajar por el mundo y que tu palabra fluya en mí; que sea para conocimiento de muchas naciones, que escuchen y lean cómo he quebrado barreras por conocerte». Y así todo empezó, **con una canción llamada *Canto por la paz*, la cual he tenido la dicha de interpretar**, y te insto a que la busques en YouTube.

Gracias a esa canción (cuyo autor es José Lucas, y cuya producción es de Vandim Producciones y Glen Vargas), pude conocer a muchas personas de la industria artística, quienes, como yo, la han cantado. Cuando fui invitada a interpretar *Canto por la paz*, los propósitos de Dios empezaban a encarrilarse. Conocí a una amiga llamada Gabriela Alcántara, quien presentó la canción y me invitó a viajar a México para hacer ruedas de prensa y demás. Yo estaba encantada, porque mi vocación desde pequeña es cantar, mi sueño es hacerlo en muchos lugares y estaba logrando este paso. Durante más de diez años había estudiado, en mi país natal, música, canto, teoría y solfeo.

Con tal inspiración, llegó la oportunidad de escribir un libro por medio de un mentor. Antes, en Canadá, jamás se me había cruzado por la cabeza hacerlo.

Pero prepárate, que te contaré los planes de Dios, porque son perfectos. Entonces, recordé la ciencia cuántica, de la cual mi abuela había escrito en poesías en más de treinta y cinco libros. Ella siempre me pronosticó que seguiría sus pasos y escribiría como ella. **Desde pequeñita, yo sentía que mi llamado era para el canto, en primera instancia; sin embargo, me percaté de que, cuando uno es un artista (de la música, los cuentos o historias, narrándolas o, más aún, produciéndolas) lo es en todos los sentidos.** Y esto realmente lo hallé fascinante. De ahí llega mi despertar, que me avalancha a esos éxitos.

Finalmente, me dije sí a escribir mi libro y, en cuanto lo empecé, me di cuenta de que se iban uniendo las piezas del rompecabezas. Llegó Gabriela a mi vida, después mi mentor, James Macneil. Él me inspiró a la oratoria profesional y me invitó a una conferencia en México. **Allí, en la conferencia que daría James, con María Moguel, encontraría a mi amada amiga, socia y mujer de múltiples talentos (es también filósofa y filántropa), con la que tengo muchas similitudes: Analía Exeni. Ella también era parte de esa conferencia en México, país que nos unió para siempre.** A todo esto, yo no sabía que llegaría a escuchar acerca de hacer un libro y demás, pero, como te he dicho, los planes de Dios son perfectos y mayores que los nuestros.

México ahora también es mi tierra, ya que mi madre, por ser mexicana, me ha dado el derecho de la ciudadanía y de pertenecer a este gran país. **México, para mí, es el centro y el ápice de todos mis éxitos**, y ya entenderás por qué, al conocer a Analía y a Gabriela, personas claves para mi quebrantamiento de barreras, di impulso a mi carrera artística.

Grabé la interpretación de esta bellísima canción, *Canto por la paz*, por lo cual me nombraron embajadora mundial por la paz. Entonces, empecé a ser parte de grandes organizaciones mundiales por la paz y de cambio de agendas para el mundo. Pero esto no queda allí, porque lo más grande es cuando te propones tener éxito para llegar al compromiso (del cual te hablé al principio) de ir a todas partes del mundo dejando tu legado y tus conocimientos; por ello, tú estás aquí.

Yo he entendido que la única manera de comprometerme en la vida es entrelazándonos como Adonai nos mandó, amando al prójimo como a ti mismo, teniendo comunidad y abriendo puertas y caminos para otros. He ahí donde radica el mayor compromiso para la vida y la mayor abundancia que poseen los seres humanos y las naciones. **La fuerza del eje no se ha creado sola, todo empezó desde el fondo del mar, por medio de sus componentes.**

Querido lector, la única forma de que puedas tener un compromiso real contigo es comprometiéndote con los demás, con la humanidad, con cada proceso que haces.

Al conocer a Analía, mi corazón sintió que era una persona sincera, llena de amor por el prójimo. Esto mismo Dios nos llama a dar para así recibir. Hacía un año que mis escritos esperaban en una computadora, porque publicarlos con la persona con la que empecé mi sueño de concretar mi primera joya literaria no era el plan perfecto diseñado por Dios, sino tan solo el vehículo para llegar a la persona indicada, quien es y fue Analía. Ella me impulsó a terminar mi libro, que estaba empolvado en una computadora y sin la orientación que le diera la luz que merecía, y a publicarlo. **Ella, con su amor, me dio el impulso para, una vez más, quebrar barreras y decir sí, se puede, es mi tiempo de transformación.**

Este libro fue todo un reto, ya que estaba escrito en inglés, pero la lengua que emplearía sería el castellano, ya que todo mi público es de habla hispana, y lo que estaba generando por medio de mi compañía de *marketing* y demás impactaba directamente en dicho público. Pues, me puse en acción y tuve que traducir todo al español en un tiempo récord: menos de quince días. Me acuerdo cuando Analía tuvo el manuscrito completo y me dijo: «Es perfecto, tienes exactamente las páginas necesarias para que sea un libro sustancioso y de poder». Puedo jurar que mis ojos se alzaron al cielo y di gracias y bendije la vida de Analía. **Esto que**

tanto me había prometido tenía sentido, se estaba logrando y, luego de ser un sueño, llegó a ser una realidad completa.

Analía se ofreció a escribir el prólogo de mi amado libro *Quebrando Barreras: Cambiando el patrón de pobreza.* Mis lágrimas rodaban cuando leí el manuscrito; **entonces entendí perfectamente los planes que Dios tenía para mí y creí fielmente que unidas éramos más fuertes.** El sueño ya no era solo mío, sino también de mi editora. Y grandes planes estaban por llegar. Formamos un dúo, en el que cada una se encarga del trabajo en el cual es experta; ella del literario y yo del de *marketing.* Creamos juntas este *best seller* (el primer volumen de la saga) y, trabajando juntas, **llegó la oportunidad de unirnos en una gran idea, el imperio llamado Sagas de Éxito® y Universidad de Éxito®.** Haríamos juntas el segundo volumen de la saga *Quebrando Barreras.* Esta vez, las dos seríamos autoras e invitaríamos a doce coautores y a un prologuista *best seller,* como lo somos ambas.

Se materializaba lo que tanto le había pedido a mi Dios Jesús: que me llevara alrededor del mundo instruyendo a masas. **Aprendí que mis sueños y mi palabra tienen poder, que soñar no es de grandes jefes o emperadores; soñar es igual para la hormiga que para el gigante león.**

No es el estereotipo lo que hace a la persona, sino los planes que Dios pone en su corazón, su alma, su mente y su espíritu para cumplir los propósitos de él. Porque por sus propósitos somos bendecidos para, a la vez, ser bendición, tal como nos indica su palabra, en la cual yo creo al mil por ciento. Dios ha hecho en mí una nueva criatura; desde hace más de veintidós años que me entregué a él.

El compromiso no es con el hombre, porque el hombre es infiel, pero Dios es fiel con tu vida, con su misericordia, con las naciones, con todo lo que tenemos alrededor. **El poder del compromiso está en poner a Dios primero en tu vida; luego, todo se dará por añadidura, bajo su voluntad**, y no la nuestra. Por ello, entender el fracaso es el paso más importante del éxito para ti y el mundo, porque, cuando duele, nuestro padre celestial está convirtiendo esa vasija quebrantada en su perfección para con él. Muchas veces, las personas no lo entendemos porque no vivimos en lo supernatural de Dios y su espíritu, por eso mismo te indico desde el principio que, **para que todo se revele en tu vida, debes salir de la oscuridad infinita en que vive el hombre hoy en día y pasar a su luz incandescente del reino de Dios**.

Te sucederán muchas cosas hasta que lo entiendas y emprendas la acción, y será una decisión de fe en tu Dios, el Señor Yeshuah Hamishiaj. Como los niños, somos rebeldes y no entendemos que todo lo que Dios nos da y hace es una lección de vida para nuestra salvación.

Muchos matrimonios están perdidos y sin ninguna ilusión de amor o restauración porque caen en la monotonía; pero realmente el motivo es que no hay una conexión de tres personas: tu padre Dios, el esposo y la esposa. Habrá momentos en que Dios te revele el camino y tú tendrás el derecho de escoger entre las dos vertientes, la salvación o la perdición. Y tendrás, una vez más, el poder de elegir y comprometerte. Y puedes pasar así toda tu vida, porque lo único insalvable será el momento cuando la muerte toque a tu puerta. Jamás sabrás cuándo esto sucederá, por eso, este mensaje es para que tomes acción hoy, para que ya no te cuestiones qué camino tomar; para que tengas la oportunidad de elegir; para que, en medio de los problemas, tempestades, desavenencias, injusticias, siempre esté presente Dios para fortalecerte y llevar tu carga, pero más aún, para dejar que sea su voluntad, y esa vertiente de maldad se torne en luz. **Porque, por su gracia y poder, somos salvos para una mejor vida de abundancia en todos los sentidos**. Así, esa vida no será vana, sino perpetua.

¡Cuántas maravillas ha hecho Dios en mi vida y la de los míos! Es inexplicable realmente; emplearía muchas horas para escribirlo todo; parte de ello se incluye en mi libro *El ejército de Dios: Sin ego solo existen victorias*, lo hallarás en Amazon. Y de algo estoy segura: sin él jamás quisiera vivir, por él vivo, por él soy más fiel, por él mi vida es un tesoro, por él tengo justicia ante las injusticias, por él todo tiene sentido.

Doy gracias por que toda mi familia es elegida y vive bajo su morada. Porque Dios lo corrobora en su palabra, que, por él, tu casa será salva. Basta con que uno de tu familia entre al reino de Dios en vida y que tome la cruz (de la cual te hablé al principio de estos párrafos), porque por su ejemplo se derramarán bendiciones para todas las generaciones. **Una decisión que tú tomes afectará hasta cuatro generaciones.** Es por tal motivo que todas nuestras decisiones tienen causa y efecto, efecto y causa para todo. Yo, después de once años de orar y poner mis rodillas en el suelo, vi la transformación de mi esposo, que recibió a Cristo y se entregó a Dios para cambios continuos. Te puedo decir que sí vi el manifiesto de paz que Dios ha hecho en mi casa a pesar de muchas adversidades, solo porque jamás he dejado de creer en él y su palabra.

Quebrando barreras a través del compromiso para ti, amado lector

1. En el poder del compromiso todo tiene sentido.
2. En el poder del compromiso se crea tu destino.
3. En el poder del compromiso tienes las respuestas deseadas.
4. En el poder del compromiso se cimientan tus bases sólidas al éxito.
5. En el poder del compromiso verás qué tan capaz eres de prometer algo y cumplirlo.
6. En el poder del compromiso jamás podrás volver atrás si verdaderamente quieres resultados.
7. En el poder del compromiso solamente develarás de qué estás hecho, si de coraje o de cobardía.
8. En el poder del compromiso es donde llega tu propósito de vida, tan inmensurable como lo desees.
9. En el poder del compromiso consideras tus fortalezas, y tus enemigos se hacen presentes.
10. En el poder del compromiso estás comprometido contigo mismo; lo demás es solo el vehículo para tu accionar.
11. En el poder del compromiso llega a darse lo que deseas si lo crees, lo haces y lo logras más allá de las circunstancias.
12. En el poder del compromiso radica tu mayor virtud, tu fidelidad contigo mismo, la que jamás se desperdicia, sino que es causa y efecto en ti.

Quiero contarte mis primeros doce días de transformación, que comenzaron el día 3 de enero de 2023. Esto se generó por una decisión consciente de cambios progresivos que deseo ver en mi vida. **Había llegado el momento en el que me harté de ver que yo misma me había destruido por mis acciones y decisiones, debido a la falta de compromiso conmigo misma.** Acoto esto porque de seguro no soy la única a quien, en algún momento de conflicto interno, ese grito de cambios, y cambios profundos, tocó la puerta desesperadamente.

Para la fecha en que estoy escribiendo este capítulo, llevo más de noventa días de transformación ininterrumpidos, haciendo videos en vivo en mis redes sociales; cada día está inspirado con una frase célebre, **y yo transformo y enseño a las personas con el ejemplo de que sí se puede; no son solo palabras**.

Todo esto empieza y radica en el poder del compromiso, el que siempre cada uno de nosotros podría tomar en diferentes etapas de nuestras vidas.

A continuación, te dejo una herramienta que puede ayudarte a tomar la decisión de emprender hoy un cambio rotundo en tu vida, como lo he decidido yo. Este sistema está basado en mi metodología llamada Vive en plenitud – Impulsa tu marca personal.

Encuentro con mi interior. ¡SOY LIBRE!

Día 1 de transformación: #Viveenplenitud

Todo lo puedo en Cristo, que me fortalece.

Filipenses 4:13

3 de enero; ayer me encontré conmigo misma. Me miré desde afuera hacia dentro y medité en cómo era posible que mi cuerpo se hubiera convertido en el centro de mi agonía. Recapacité y me pregunté a mí misma: **«¿Por qué no ser yo la protagonista y contar mi historia de transformación?»**.

Pues bien, hoy me desperté después de que Dios me revelara en sueños algo importante para escribir y declarar, lo que más adelante les contaré. Al levantarme, me acordé del compromiso que había hecho conmigo misma la noche anterior: **empezaría poco a poco a reconstruirme**. Para el primer trimestre del año, tengo como meta bajar trece kilos. Me imagino cómo se sentirán mis rodillas, mis pies y más aún mi ser. Es un gran paso a la libertad, porque he estado atada a esta gordura por la falta de compromiso conmigo misma. Ahora sí, entonces, tomaré acción y veré resultados.

Como bien me prometí a mí misma, esa mañana salí a caminar, algo que no hacía, por lo menos, desde hacía tres años. Siempre me decía que lo haría en algún momento, pero jamás como hábito de vida para mi cambio mental y físico, necesario para esta liberación; porque tener hipertensión y estar enferma con obesidad no es nada conveniente. Me decía: «Bueno, no tengo que tomar pastillas, entonces, ¡estoy sana!». Mentira. **La obesidad es el peor camino para convertirte en lo que no deseas y enfermar, sin darte cuenta de que no se necesita tomar pastillas cuando te alimentas bien.**

Anoche busqué en Google alimentos que debe evitar una persona hipertensa: el exceso de sal, las carnes rojas, los lácteos... Bajé ese PDF y lo leí. Y me di cuenta de que realmente estoy enferma, y la única culpable soy yo. Tomé cartas en el asunto, tan solo bajando cinco kilos mis rodillas se sentirán mejor, podré tener más movilidad y desearé bajar otros cinco kilos. Así podré respirar mejor y empezar a sentirme valiosa por mis esfuerzos. Es una decisión, y es ahora. Ya compré mis legumbres y mi atún, y estoy tomando mi jugo verde.

Mañana les contaré mi travesía en el segundo día hacia el éxito rotundo. Pero, mientras caminaba, hoy recordé algo: **¡soy éxito!, ¡sí se puede!, ¡lo lograré!**

No dejes para mañana lo que hoy puedes empezar. Eso es una frase muy conocida, pero realmente posee un efecto intenso para nuestro raciocinio. **Intentar no tiene el mismo efecto que comprometernos.**

Nuestra manera de hablar con los demás y con nosotros mismos nos abre un campo de aprendizaje y de cambios. Ser positivos es la regla número uno hacia tu éxito, el compromiso es el poder más intenso que tienes para encontrar tu verdad.

Define hoy tu universo, lleno de posibilidades. Estamos comenzando...

Yo estoy creando mi destino.

Día 2 de transformación: #Viveenplenitud

Jehová es mi pastor; nada me faltará.
En lugares de delicados pastos me hará descansar;
Junto a aguas de reposo me pastoreará.
Confortará mi alma;
Me guiará por sendas de justicia por amor de su nombre.
Salmos 23 1-3.

4 de enero; me dediqué esta mañana a hacerme una pregunta: ¿cómo me veré y sentiré en un mes? ¿Me quedará más floja la ropa? Analicé mi estado de gordura para entender por qué todos estos años subí tanto de peso. Me doy cuenta de que el factor número uno es la subida de glucosa por comer indisciplinadamente, mucho dulce y porciones grandes.

De ahora en adelante, estaré atenta. Dios nos dice en su palabra: «Velad y orad, para que no entréis en tentación; el espíritu a la verdad está dispuesto, pero la carne es débil». Eso siempre me quedó en el subconsciente.

Dice que vigilemos primero y luego oremos. Esto quiere decir que, **si nos damos cuenta de nuestros puntos débiles, podremos orar para superarlos**.

Después de veinte minutos de intensos ejercicios, voy a prepararme mi jugo verde. Más adelante les explicaré la receta.

Ayer comí en bajas cantidades, solamente una porción pequeña de pasta y muchas ensaladas y proteínas. No creo haber consumido más de dos mil calorías. Además, bebí mucha agua con limón.

Me recuerdo ahora que la frase más importante es «¡yo sí puedo!». Vamos, esto está que comienza.

Día 3 de transformación: #Viveenplenitud

Jehová nuestro Dios hizo pacto con nosotros en Horeb.

No con nuestros padres hizo Jehová este pacto, sino con nosotros todos los que estamos aquí hoy vivos.

Deuteronomio 5: 2-3

5 de enero; hoy me desperté enérgica, muy contenta, porque siento que mi estómago se está desinflamando. Recordé que había dejado de consumir gluten; las harinas y los dulces son inflamatorios.

Es impresionante cómo el cerebro puede sabotearte. Me digo constantemente: «Hoy no comeré dulce», sin embargo, hoy sentí que mi cerebro extrañaba el sabor del dónut. Pero me dije a mí misma: **«Debo elegir entre el azúcar o mi sueño de sentirme mejor»**.

Ya mi cuerpo y mente están fantaseando con los momentos lindos que viviré al verme más delgada, con energía. Llevo tres días de transformación, con ayunos de quince y dieciséis horas, y noto que mi ansiedad por comer no está latente, no tengo hambre. Eso quiere decir que **mi mente tiene el poder de desarrollar hábitos alimenticios de ocho horas diarias y dieciséis de ayuno**. Pronto les indicaré de qué se trata.

Es todo cuestión de consistencia, de amor propio, de hacer conmigo misma un pacto de cambio y transformación. Es posible lograrlo con el poder de Dios. Tengo que hacer uso de la valentía que tengo por naturaleza y emplearla diariamente.

Recuerdo a mi amiga Fabiola. Ella desde muy pequeña fue gordita, pero a los catorce años me dijo: «Se trata de que desees verte y sentirte linda. Dile "basta" a tu mente y prepárate para tus vestidos más bellos». Y eso es verdad. Dejemos de engañarnos con que, en algún momento, llegará el día indicado. **Hoy es tu día de decidirte a ganar y en grande, porque es tu salud.**

Caminé unos treinta minutos por mi vecindario, y me di cuenta de que todo es cuestión de tiempo.

Hoy me dolieron menos las rodillas y caminé con más fuerza.

Recuerda: eres bello, único, con un gran potencial. Mereces tu victoria. Estoy reafirmando mis conocimientos, y eso me hace fuerte.

Día 4 de transformación: #Viveenplenitud

Los dos días más importantes de nuestra vida son el día en el que nacemos y el día en el que descubrimos por qué lo hicimos.

Mark Twain

6 de enero; hoy me he despertado un poco tarde, y me esperan las diversas actividades del día. Una vez más, sufro al ponerme las medias y vestirme. Lo hago con dificultad, muchas veces, cuando tienes tantos kilos de más, hasta vestirte es complicado.

Me pesé, como hago desde el primer día de mi transformación. **Después de tres días, he bajado dos kilos; siento el estómago más desinflamado, y estoy lista para seguir.**

Es de esperarse que los primeros días el progreso del cambio de peso sea rápido, ya que me estoy desintoxicando con mi jugo verde y los ejercicios.

Voy a aprovechar estos días al máximo. Hoy no me dio tiempo para hacer ejercicios debido a lo tarde que me desperté. Pero es recomendable dormir un mínimo de siete horas, hacer entre catorce y dieciséis horas de ayuno, beber un vaso de agua con o sin limón al levantarte, hacer ejercicios con el estómago vacío, por lo menos, cinco veces a la semana. O sea, ya llevo tres días de ejercicios cumplidos.

Te contaré por qué empecé un martes y no un lunes mi proceso de transformación, tanto de hábitos alimenticios como de mentalidad, esfuerzo y agallas para ganar. **Esto tiene que ver con evitar actuar como la mayoría de las personas, y más bien tener mis propios estándares, lo que me hace sentir que estoy en control de mí misma.**

Te doy un tip: siempre busca la diferencia y no la rutina.

Día 5 de transformación: #Viveenplenitud

Nosotros somos el pincel, y Dios nuestro lienzo.

Rosemarie Sánchez

7 de enero; hoy me he levantado con tanto ánimo y fuerza que sabía que sería un día muy bonito. Anoche fui con mi hijo a ver una película. Antes, cada vez que quería una bebida (lo que implicaba pararme y caminar), yo le pedía a mi hijo que

fuera. Cuando estás con tanto sobrepeso, con frecuencia, levantarse de la silla es incómodo, no tienes mucha movilidad, necesitas estar sentado. Y de verdad es abochornante no poder hacer tus cosas y tener que pedir ayuda, pero el dolor en las rodillas también es una agonía. **Pues, esta vez, salí a tomar un té y tan solo probé una porción muy pequeña de palomitas.** ¡Guau!, me pareció irreal, pero lo logré.

Cada día que pasa me doy cuenta de que todo es control mental. Esto lo he aplicado muchas veces en mi vida en diversas circunstancias, y me ha funcionado. Pero yo misma me resistía a aplicarlo en la alimentación. Hoy considero que es necesario hacerlo por mi bienestar psíquico, físico y hasta biológico.

Tomé la determinación de inscribirme en el gimnasio. Creo recordar que la última vez que concurrí a uno fue hace diez años. Anteriormente, hacía ejercicios en casa, esporádicamente, en mi edificio, pero ahora tengo un propósito y siento que es mejor ejercitarme afuera. Además, para poder programar mis tiempos y esforzarme más hacia mi éxito. Es cuestión de programación y decisión propia, para así tener tiempo para mí misma, que es necesario.

Todo esto que expreso forma parte de elevar mi autoestima. **Estoy segura de que, para ti, mi amado lector, esta es la bomba de oxígeno que necesitas leer y escuchar, como un susurro para tu oído.** ¡Levántate, ya es hora de ganar!

Te seguiré contando mi proceso, que indiscutiblemente Dios permite, para que tú y yo tengamos un efecto de sanación en todo sentido.

¡Tú eres el protagonista de tu vida!, recuérdalo siempre...

Día 6 de transformación: #Viveenplenitud

Sigue moviéndote. No dejes que nada te detenga. Avanza con dignidad, honor y decoro.

Martin Luther King Jr.

8 de enero; me levanté dispuesta a mi encuentro con Dios. Ya me había preparado la noche anterior; por supuesto, mi hijo también ama el Señor y nos dispusimos a ir a la iglesia.

Hacía mucho tiempo que no iba, me era necesario. Igualmente, a pesar de no ir a la casa donde mora el Señor, **siempre mi mente y mi alma están protegidas por su gracia y busco aumentar mi fe y mansedumbre, consecuencia de mi conexión con mi creador, Yahweh**.

Tuvimos un tiempo bellísimo, sentí su susurro en mi ser diciéndome: «Este año es de total transformación, mantente firme». Recordé mi misión en esta tierra y alimenté mi alma con sus alabanzas. ¡Qué dicha es vivir bajo la morada del Señor, nuestro Dios! Te invito a que lo hagas tú también. **Te aseguro que tu fe, el amor y la dicha aumentarán mil por ciento**.

Al salir de este maravilloso encuentro con papá Dios, me dirigí hacia el restaurante con mi hijo amado, Luis Antonio. A él le encantan sus *french toasts* y el desayuno americano; ver a mi hijo feliz no tiene precio, es lo más grande que me regala Dios. Mi amado hijo me eleva el espíritu; es hermoso tener un compañero leal a mi lado. Te amo, Luis Antonio, eres mi mayor orgullo.

Hoy le compré un suéter que me venía pidiendo hacía varios días, cumplí un deseo en el corazón de mi hijo, pero **lo más intenso fue pasar tiempo de calidad con él**.

Hoy ya se hace más fácil esperar mis tiempos para comer. Por primera vez, fui a un restaurante y no consumí más que un jugo verde y café. Resistí las tentaciones, pero es que estoy decidida al éxito y convencida de que mi salud es lo primordial.

Ayer el médico me demostró, por medio de mis análisis de sangre, que padezco una prediabetes, pero de seguro se eliminará con mi cambio de hábitos alimenticios y la pérdida de peso. **Seguiré, perseverante, rumbo a mis metas, mi destino.** Hoy pensé que, ya para finales de junio, podré bajar unos veintidós kilos sin cirugía, solo con mi esfuerzo y amor propio. Lo lograré, me lo juro a mí misma.

Día 7 de transformación: #Viveenplenitud

La verdadera felicidad consiste en hacer el bien.

Aristóteles

9 de enero; sinceramente, por no cuidar la hora de dormir, que es tan importante y se debe respetar, hoy mis ánimos fueron un poco difíciles de trabajar. **Esto me recuerda que, a pesar de mi disposición, el cuerpo pasa factura cuando no lo tratas conscientemente en su descanso diario.**

Lo más importante es tu estado mental, sabemos que, por medio de mentores, *coaches*, terapistas, y escuchando videos de personas preparadas para el éxito, se hace mucho más fácil el camino, pero ese no puede ser el único. **Además, son necesarias tu intención consciente, tu juicio y tus perspectivas.**

Mis rodillas poco a poco se sienten menos cansadas; esto, porque me he decidido a estar más en movimiento. Hoy no pude hacer ejercicios, pero el propósito de hacerlo mañana está en mi mente. La constancia es el paso más importante para el paraíso. Sin ella, sería imposible alcanzar la meta.

Al beber agua regularmente, estamos limpiando los órganos y, especialmente, moviendo las células y manteniendo el cuerpo hidratado. Así mejoramos el movimiento de grasa y toxinas. Al ingerir vegetales y hierbas, limpiamos el colon, lo que nos garantiza la desinflamación de nuestro cuerpo. **Pero el órgano más importante para una sana dieta es un hígado sano sin grasa, o sea, desintoxicado día a día.**

La reducción de las porciones alimenticias también garantiza la pérdida de peso. Y evitar las comidas chatarra y optar por alimentos con mayor contenido de proteínas, minerales y vitaminas nos mantiene en un mejor estado de salud.

Sigo buscando información en la internet: videos de personas con vidas saludables y charlas de doctores e investigadores que explican qué sucede en el cuerpo, el metabolismo y la energía.

Seguiré escribiendo mañana. Estoy llevando a cabo mi sueño de lograr una pérdida de peso descomunal; mis intenciones son, como mínimo, cuarenta y cinco kilos en un año. Te explicaré más adelante cómo lo haré; hoy estoy en ese camino, ¡que será todo un éxito real!

Día 8 de transformación: #Viveenplenitud

La mayor gloria no es no caer nunca, sino levantarse siempre.

Nelson Mandela

10 de enero; muchas veces, seguir una rutina cuesta, porque hay falta de motivación. Lo que me motiva hoy es que, a pesar de que me levanté un poco tarde y dormí más de lo esperado, durante el

día sentí que tengo más movilidad, aunque las rodillas me duelen un poco, ahora me siento más flexible y hasta me puedo agachar con más facilidad.

Descubro que parte de esto es gracias a los ejercicios y a mi mentalidad ganadora. Bajé dos kilos y medio, es un gran avance que me define en pasos agigantados cuando, en verdad, la balanza siempre es un yoyó: sube y baja.

Mi estómago se siente menos inflamado, y ya no tengo la necesidad exagerada de comer dulces. Estoy controlando mi mente, mis hábitos y mis deseos. **Cuando deseas algo de corazón, le pones empuje y las ganas de mantenerlo vivo.**

Pronto me iré de vacaciones y pienso en ese traje de baño que usaré; entonces me percato de que debo comer más sano; sin embargo, no me limito por completo.

Aprender a verme desde el suelo y caminar hacia arriba es fijarme en que sí puedo levantarme, incluso más fuerte que antes, hasta en mi vulnerabilidad. Quiero prometerme a mí misma las consecuencias de mis decisiones, y no cuestionarlas por nada o nadie.

Hoy recibí una buena noticia: mi pareja también empezó a tomar precaución de lo que come y está haciendo ayunos intermitentes. ¡Bravo!, esto me indica que **tu actitud puede inducir a alguien más al éxito.** Esto lo estaba haciendo sin mi conocimiento, pero, como me ha visto en este camino hacia mi transformación, pues se ha sentido impulsado a hacer lo mismo.

Ponte a pensar que, gracias a ti, muchas puertas se abrirán para otras personas. Esta es una ley de vida, porque el cambio pide cambios en tu entorno.

Día 9 de transformación. #Viveenplenitud

En todo os he enseñado que, trabajando así, se debe ayudar a los necesitados, y recordar las palabras del Señor Jesús, que dijo: Más bienaventurado es dar que recibir.

Hechos 20:35

11 de enero; una de las cosas más importantes en nuestro proceso de transformación es darnos cuenta de que, a medida que tenemos nuestros cambios a nivel emocional, físico y psíquico, empezamos a entender que **somos capaces de instruir poco a poco a otros para que generen resultados similares**. Por ello, me apoyo en este proceso conmigo misma como reto para lograr que también muchas personas se beneficien.

Nuestro mayor éxito requiere de tiempo, de ir siguiendo con constancia, día a día, un mismo patrón, un mismo estilo de vida, independiente de la aceptación de los demás. Es valorar qué tan importantes son tus necesidades de continuo avance frente a los desafíos que enfrentas.

Verme al espejo y aceptarme con mi obesidad ha sido uno de los retos más desafiantes, porque, aunque queriendo hacer un cambio, me ha ganado la desesperanza. **Porque la confianza en tu máximo potencial está influenciada por todo lo que vives diariamente.** Por eso, empezar es lo más duro, pero, cuando enciendes el motor con llamas que se acrecientan, te sientes en la cresta de la ola, que sube y sube hasta llegar al punto más alto y luego cae en avalancha con un estruendo imparable. Estoy en esa transición. Cada día es más simple el proceso de mantener el movimiento, y que se incremente y se refuerce.

Amigo, si has leído este libro hasta esta página, es porque **tus ganas de un quiebre están impulsándote a tomar esa decisión que puede beneficiar tu vida entera**; pueden traer el cambio que esperabas y soñabas. Y esto lo digo en todo el sentido de la palabra, a todo nivel. Ve por más y arriésgate hoy; es este el día de dar sin límites, de buscar una razón más para dar y ayudar al que más te necesite. **Cuando comiences tu propio cambio, piensa en el bien que le harás a la humanidad por medio de tu ejemplo**. Es tu momento; ¡ya no esperes más!

Día 10 de transformación: #Viveenplenitud

Las personas cambian cuando se dan cuenta del poder que tienen para cambiar las cosas.

Paulo Coelho

12 de enero; acuéstate y descansa un poco, siéntate y toma diez segundos de respiración profunda. Al momento de lograr esa posición de descanso cerebral, matutino y de mayor intimidad contigo mismo, enlaza con el raciocinio cada proceso que desarrollas desde que te levantas, durante el día, antes de dormir y al dormir. **Se enciende una luz que promete favorecerte de manera imparable.**

Sucede que me di cuenta de que, por pasar muchas horas sin comer, porque trato de hacer entre catorce y dieciséis horas de ayuno, cuando lo hago, se incrementa mi deseo de buscar el almidón, las harinas, los azúcares, etc. Por ello, debes vigilar con mucho ojo crítico con lo que decides alimentarte, y entender por qué escoges ese alimento en vez de otro más saludable, como frutas, vegetales, granos o fibras.

También puedes desinflamarte tomando jugos verdes; estos son extremadamente importantes en el primer proceso para tomar la decisión de hacer y mantener un cambio más saludable. De esta manera, yo fui aceptando y tomando conciencia de que ya era hora de volcar mis miedos al fracaso por no mantener mi palabra y no hacer lo que es necesario, comprometiendo más mi salud cada día.

Te voy a dar una receta fácil y necesaria de un jugo verde para que prepares y tomes antes de terminar tu ayuno y después de levantarte y empezar tu rutina diaria del día.

- ½ manzana verde

- ½ pepino

- 1 rama de apio

- 1 puñado pequeño de perejil

- 2 vasos de agua

Licua los ingredientes, vierte el jugo en un vaso y agrégale medio limón exprimido. Puedes tomarlo en la mañana y antes de terminar el ayuno, entre la hora catorce y dieciséis. Una vez que lo tomes, después de treinta minutos, puedes comer.

El remanente del jugo puedes tomarlo al final del día, después de tu última comida. **Esto debes hacerlo un mínimo de siete días seguidos, día y noche.**

Luego, lo puedes hacer una vez al día, en ayunas. Te aseguro que la sensación de saciedad y el agrado de ver tu estómago decrecer aumentarán tus energías. Además, sentirás la necesidad de ir más al baño, porque es diurético y realiza una limpieza general de tus intestinos.

Empieza, que tú puedes. Ya es hora de que tomes acción. Yo lo estoy logrando día a día, y no solo en mi persona, sino también en ti, que ahora eres consciente de tu necesidad de cambios personales en todo sentido.

¡Vamos!, te aliento a que tomes una mayor determinación. **Recuerda que, una vez que te** das cuenta de que puedes y tienes el poder de cambiar las cosas, jamás nada de lo que te propongas será igual.

Día 11 de transformación: #Viveenplenitud

El valor que le das a otros es el reflejo de tu mismo valor.

Rosemarie Sánchez

13 de enero; la frase del epígrafe nos indica algo muy importante, y es que tu definición de éxito y de abundancia y tu estado emocional y físico influyen en cómo ves a las personas de tu entorno. **¡Qué importante es darles la misma valoración que tú tienes de ti!** Me refiero a tu concepto de vida y de virtud. Así podrás siempre apreciar a los demás por los mínimos detalles de grandeza con los que te valoras a ti mismo.

No podemos darle a nadie lo que no poseemos, pero sí podemos brindar todo lo que somos y nuestro sentir desde el lugar en el que nos encontramos.

Relacionarnos íntimamente con nuestro interior es la clave número uno de nuestra persistencia y existencia masiva de cambios y transformacionales. **Si deseamos el bien para nosotros, de igual manera lo desearemos para los demás.**

Es significativo pensar que nuestras ideologías y capacidades al entregar lo mejor nuestro ayuden a construir un mundo mejor, de paz y amor para los demás. En ello se basan y radican nuestra estabilidad emocional y de consciencia al cambio y los cambios progresivos.

No existe derecho más glorioso que pertenecer al reino infinito de posibilidades que, seguramente, tengas a tu alrededor, gracias a personas cuyos pensamientos se asemejen a los tuyos y con quienes logras relacionarte por medio del valor que les das a ellas y a ti mismo.

Habita la tierra prometida logrando que otros sientan desde una perspectiva parecida a la tuya. **Crea sinergia de poder y avance manifestando desde tu ser interior tu majestuosa grandeza.** Nada te impide generar esto, lo único que necesitas es el atrevimiento de cambiar patrones ideológicos de pobreza en tus pensamientos.

Día 12 de transformación: #Viveenplenitud

La inspiración existe, pero tiene que encontrarte trabajando.

Picasso

14 de enero; estos días son memorables porque despertamos y nos encontramos trabajando por un propósito, y esto nos lo afirma Picasso. **La creatividad, la creación de nuevos procesos y**

emociones, vamos a encontrarla trabajando; así nos inspiramos para que se logren y se hagan hábitos en nuestras vidas.

Construir y llegar a la meta es tan importante como crear un hábito, y este nos impulsa a sostener esa meta. Por tal motivo, debemos dedicarnos a adquirir hábitos favorables, que son la guía y el proceso que nos acompañan en el camino.

Nadie que se ha propuesto llegar al éxito lo ha alcanzado por accidente. Lo ha logrado gracias a un trabajo arduo, y es en él donde llega la inspiración, se continúa el proceso y se logra la meta. Esto es lo que estoy logrando al transformar mi mente para bajar de peso en todo sentido, tanto físico como emocional. Este último es una carga de estrés, que muchas veces me invadió al no encontrarme con los resultados que esperaba, por falta de inspiración y ánimo.

Entonces, ahora pongámonos a trabajar y continuemos en este proceso de vida. Vive en plenitud, que tu paso se encamine a los éxitos deseados.

Todo esto que te estoy contando aparecerá en mi próximo libro, que estoy por terminar, y cuyo objetivo es conducirte por esta transformación personal y necesaria en nuestras vidas. Serán 365 días con frases célebres y mensajes inspiracionales de transformación. Espéralo en Amazon, será de impacto total en tu vida.

Encuentro con mi interior. ¡SOY LIBRE!

Para finalizar, me gustaría dar las gracias a los coautores que están dentro de este maravilloso volumen 5 de *Quebrando Barreras*.

Tres razones especiales por las que cada coautor está presente en este libro:

1. Griset V. Escalante

Eres **luz** que se acrecienta con el amor de Cristo; gracias por ser una persona **alegre** y **optimista,** esto representa tu amor al prójimo.

2. María Inés Ortega Barrera

Eres una mujer **frágil**, pero digna de tus grandes valores como madre de transformación. Siempre estás dispuesta a **contribuir** con tu comunidad y a **dar** lo mejor de ti.

3. Yurjana Torres

Eres una persona de mucho **empuje**, **trabajadora**, que crea **oportunidades** que impactan la vida de los demás, para que tengan un mejor destino.

4. Pao Cárdenas

Eres una mujer **centrada** en tu propósito de vida, con **metas grandes** y que quiebran **paradigmas**.

5. Ana Erika Duarte

Eres una madre **dedicada** a la fuerza y el motor de tu vida, que es el amor; eres **luchadora y soñadora**, empeñada en lograr el éxito.

6. Rosa Amparo Ruiz Saray

Eres una mujer **supercomprometida** con su éxito, **metodológica** y muy **íntegra en su educación**.

7. Emma Johana Ruiz López

Eres una mujer **estratega**, **creativa** y **muy soñadora**, ¡vive en grande, querida Emma!

8. Esther Rojas

Eres una madre abnegada y comprometida, **cautivas corazones** por tu **espíritu alegre** y estás decidida a dejar un **legado en esta tierra**.

9. Ximena Troncoso

Eres una mujer llena de virtudes, **amor** y **perseverancia** hasta lograr tus objetivos; por eso, estás **comprometida con tu éxito.**

10. Gaby Domínguez

Eres una **madre querida** por tu familia, dedicas tu tiempo a tu **vida profesional** y **sueñas** con lograr muchas cosas más allá de tus limitaciones.

11. María Alonso Martin

Eres una mujer de **muchas fortalezas, dispuesta y capaz** para mantener tus compromisos, a la medida de tus palabras.

12.   *George Alvarado*

Eres el **único hombre** en este libro y quien demuestra un **patrón estratégico** para alcanzar sus **metas a largo plazo**, siempre y cuando sigas buscando tu protagonismo.

Conclusión: recordemos que «por sus frutos los conoceréis»; así nos dice la palabra de Dios en su testamento de vida (la Biblia). Para mí, ese es el mayor compromiso escrito para la humanidad y el que se ha hecho totalmente real y victorioso en este planeta llamado Tierra.

¿Cuál es tu compromiso, desde hoy en adelante, contigo mismo?

¿A quién le debes este compromiso y legado de vida?

¿Por quién has de poseer la vida, que te pertenece y se te ha dado?

Querido lector, es solamente cuestión de tomar una decisión de fe que te llevará a tu mayor compromiso. Concédetela hoy a ti mismo. No tardes más tiempo. Hoy es el día propicio de tu cambio y transformación.

Esta obra, *Quebrando barreras vol. 5: El poder está en el compromiso*, se define en dos palabras: ¡TU VIDA!

BIOGRAFÍA DE ROSEMARIE SÁNCHEZ

Rosemarie Sánchez nació en la ciudad de Caracas (Venezuela) y reside actualmente en Toronto (Canadá), donde desde hace veinticuatro años trabaja con miembros de la comunidad latina. Su recorrido laboral, artístico, mediático, solidario y comercial es rico, conmovedor y extenso.

Es la creadora de las sagas *Quebrando barreras, Somos avalancha, El ejército de Dios, Escalando en la crisis y Frases transformacionales que quiebran barreras*, y ha fundado las compañías Sagas de Éxito® y Universidad de Éxito® con Analía Exeni.

Es una reconocida figura pública de TV, radio y redes sociales; cantautora y escritora de éxito internacional *best seller* en la plataforma internacional Amazon en Canadá, Estados Unidos, México, España, Reino Unido, Brasil e India. Además, prologó el libro *Mujer imparable*, de la escritora Analía Exeri, número 1 internacional *best seller*, *entre otros prólogos distinguidos en su ámbito literario.*

Siempre participativa, ha sido coautora en otras publicaciones *best seller*: *Spiritual Fitness Survivor* y *Magnetic Entrepreneur*, que convocó a más de 125 autores, batió el récord Guinness de firmas simultáneas, y le permitió obtener una certificación del Guinness World Records.

En los medios de comunicación, conduce en emisoras de radio y en cadenas de televisión los programas de los cuales es también productora: *Hablando entre mujeres, Quebrando barreras y Esencia Mundial,* producidos desde Canadá y transmitidos a Latinoamérica por 2 En Línea TV, Frequency 5 FM, Al Día Radio, Universus Radio, Urbana TV FM e Impacto FM Estéreo, al igual que en las redes sociales Facebook, Instagram y YouTube.

Premio Susan B. Anthony Leadership Award como líder inspiradora, se recibió de licenciada en Inversiones y Seguros por la Financial Services Commission of Ontario (Canadá), certificada en Administración Gerencial y Contabilidad.

Asimismo, ha recibido el Doctorado Honoris Causa y ha sido designada como jurado y embajadora internacional del World Knowledgement Summit (Cumbre Mundial del Conocimiento). Ambas distinciones fueron otorgadas en México el 21 de agosto de 2021 por el Colegio Internacional de Profesionistas C&C; el Colegio Internacional de Profesionistas de la Educación y del CAPIE AC; la Academia Española de Literatura Moderna en México; la Academia Internacional de Ciencia, Arte, Cultura y Educación; la Columbus International Business School, y el Registro Nacional de Instituciones y Empresas Científicas y Tecnológica (RENIECYT).

Es vicepresidenta de SPMUDA Internacional en el área del conocimiento y aprendizaje y presidenta para Canadá de la ONG SuccessWorld1.

Cuenta con dieciocho años de dilatada experiencia en las áreas de negocios internacionales y mercadeo, capacitando a gerentes.

Por su originalidad y motivación para compartir ideas y saberes, se ha transformado en conferencista internacional y oradora profesional en Desarrollo Personal y en Estrategias de Negocios. Algunos de sus mentores en negocios han sido James MacNeil, Raymond Aaron, Obom Bowen, Bob Proctor, entre otros.

Incansable e inquieta, comprometida y emprendedora en la decidida búsqueda de nuevos horizontes, ha sido la fundadora de la Academia Business Methodology Breakthroughrose, dedicada a negocios y marketing y mentoría. Dirige la firma Breakthroughrose Productions, abocada a conferencias, eventos y talleres de Negocios.

Ejerció la tarea de directora ejecutiva de Mercadeo y Negocios en la organización del concurso Miss Teen Universo Canadá para el 2016. Vivencias en ese campo le sobran, pues ha coordinado eventos con la JEP Agency en el marco de la elección Miss Canadá Latina 2015. Ha fundado, con su hermana Ninela Sánchez, el certamen de Canadá Latina Pageants en el año 2021, en el que se coronan reinas de belleza integral latina en Canadá tanto en Universal Teen Canadá como Miss Canadá Latina.

Nunca ajena a las necesidades humanitarias y sociales, se desempeña como Embajadora Líder por la Paz con la Fundación del Sol desde Colombia, en colaboración con la Organización de las Naciones Unidas (ONU) y con la Organización de Estados Americanos (OEA).

Como actriz, ha probado suerte, y en producciones del más alto nivel. Actuó en el film *Downsizing* (2017), del director Alexander Payne, protagonizada por Matt Damon y, además, dos años después, en la película *¡Shazam!* (2019), ese superhéroe creado, ocho décadas atrás, en 1939, por el guionista Bill Parker y por el dibujante Clarence Charles Beck. El nombre del mago Shazam remite al acrónimo de los seis «ancianos inmortales»: Salomón, Hércules, Atlas, Zeus, Aquiles y Mercurio.

También es cantante profesional, interpretó *Canto por la paz*, una canción de José Lucas producida por Glen Vargas y dedicada a toda la humanidad, a niños víctimas de las guerras o del terrorismo, que se ha transformado en un verdadero himno de la organización no gubernamental S.O.S. Peace, en la que cumple la función de directora ejecutiva.

Precisamente, por Canto por la paz, en los Latin Awards Canadá 2019, la nominaron para el premio Artista del Año en Música Cristiana. Su vocación artística es amplia y le nutre el alma.

¡Estás invitado a conocer su universo!

www.breakthroughrose.com

Quebrando Barreras Vol. 5
EL PODER ESTÁ EN EL COMPROMISO

«Tu vida y la mía radican en el poder que está en el compromiso. Ejerce tu vida al máximo potencial y según los propósitos que Dios ha puesto en tu corazón».

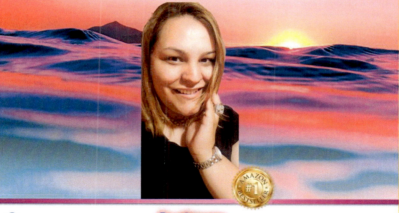

 sagasdexito

 rosmacanada

 Breakthroughrose

 www.breakthroughrose.com

 www.sagasdexito.com

Autora

 Rosemarie Sánchez

 Breakthroughrose

 breakthroughros

 sagasdexito@gmail.com

DOCE COAUTORES

Doce historias contadas desde el alma

1

GRISET V. ESCALANTE
De El Salvador y Estados Unidos

EL AMOR Y FIDELIDAD POR LA FAMILIA ES PODER DEL COMPROMISO

Aun siendo una adolescente de diecisiete años, tuve que emigrar a Estados Unidos. El mayor motivo era el conflicto en mi país, El Salvador, entre el Gobierno y la guerrilla en los años 80.

Yo era una joven muy extrovertida y, a su vez, introvertida; una buena combinación que afectaba mi vida en muchas áreas. A pesar de eso, **llegué a ser muy independiente y comprometida con mis metas e ideales**.

Era muy rebelde, según creo, con una causa. Tuve muchos sueños y metas a futuro, pero dentro de mí siempre se escondió la escritora y poeta. Los libros permiten viajar a otros lugares o mundos; desde siempre soy amante de la escritura y de la lectura, pues esta enriquece nuestro vocabulario e intelecto.

Cuando emigré a Estados Unidos, era la primera vez que me separaba por mucho tiempo de mi madre, Verónica, y de mis dos hermanos, William y Evelyn. En aquel entonces, él tenía nueve años y mi hermana quince. Viajé a

Estados Unidos con el que en aquel entonces era mi suegro, don Hernán Aragón. Iba muy bien cuidada ya que, del grupo de mujeres, yo era la más joven.

Al cabo de una semana y media, ya me encontraba en Los Ángeles, California.

Fue duro los primeros días vivir sin mi familia, amigos, vecinos... Llegué para trabajar y estaba encerrada en una casa; solo salía los domingos. **Era muy difícil vivir en un país extranjero, con personas que no conocía y un idioma que muy poco hablaba.** Después de unos meses, me comprometí conmigo misma y, teniendo a mi todopoderoso Dios de mi lado, supe que nada me detendría. Recuerdo que, en ese momento, me dije: «O mi familia emigra en un año a Estados Unidos, o me regreso a El Salvador». Tenía la firme confianza y la fe en que Dios me escuchaba.

Para ese entonces, tenía seis meses de embarazo de mi hijo mayor, George. Y me puse a pensar, y a hacer planes, olvidando que Dios había escuchado ya mi plan inicial: «Traeré a mi hermana, Evelyn, para que cuide al bebé y así seguir trabajando para traer a mamá y a mi hermano pequeño». Pero bien dice un dicho: «El hombre propone, pero Dios dispone».

Dios, en su soberanía, tenía sus propios planes para mí y mi familia. **Puso en el corazón de mamá Vero el propósito de viajar ella y mis dos hermanos.** Fueron momentos duros para ellos y para mí, es pasaron muchas cosas en el camino a México. Por semanas, no supe de mi familia y la gente me torturaba diciendo que muchos morían en el camino. Me angustiaba, pero a su vez mi fe y compromiso no decayeron. Al cabo de unos días, se comunicaron conmigo, y continuaron su camino a Estados Unidos. Les tomó dos largos meses llegar, pero lo lograron. Dios los había ayudado y envió a sus ángeles a que los auxiliaran.

Yo me sentía feliz y satisfecha; en la década de los 80 todavía no era tan cara una pasada de México a Estados Unidos.

Entonces nació un nuevo compromiso: el poder de una familia unida. Todos aportaron su granito de arena para poder pagar la pasada de mi madre y hermanos, unidos todos, incluso amistades de mi familia. Ver a tantas personas comprometidas por amor fue poderoso. Exactamente al cabo de once meses, ellos estaban a mi lado; estábamos todos juntos de nuevo, y ahora era para toda la vida.

De eso han pasado treinta y cuatro años. Y lo escribo y me parece que fue ayer. Yo me sentía muy pero muy feliz, aunque no sabía que sería por pocas horas, pues Dios continuaría trabajando mi fe y compromiso a través del siguiente desierto (prueba de vida), que deberíamos transitar esa misma noche.

La dueña del apartamento donde yo llegaba los domingos les dijo a mi mamá y a mis hermanos que debían irse. Por supuesto, yo no los dejaría ir solos, pues tenían unas horas de haber llegado al país.

Mi madre, mis hermanos y yo, con mis ocho meses de embarazo, salimos de esa casa sin saber a dónde nos dirigíamos. Pero Dios, que es piadoso y soberano, no nos soltó la mano. **Hacía unos días me había reencontrado con una vecina de mi país, y en su casa terminamos.** A Dios gracias, nos recibieron muy bien.

Y, poco a poco, Dios nos fue levantando. Ellos nos llevaron al Ejército de Salvación; allí nos ayudaron con cosas materiales, y allí mi madre hizo el compromiso de sacarnos a todos adelante. **Tomó mi trabajo, rentó un apartamento y yo me quedé cuidando de mis hermanos y mi hijo, mientras mamá trabajaba.** Solo la veíamos los fines de semana.

El Ejército de Salvación fue muy bueno con nosotros, nos proveyó desde muebles hasta comida. También es una organización cristiana: mi mamá nos dejó en buenas manos.

El compromiso solo se puede cumplir de la mano del eterno Dios. Y, como yo me digo siempre, **soñar no cuesta nada, ponerle acción al sueño hace la diferencia.**

Pero este compromiso me lleva a recordar algo que Dios me dijo en el año 2022, el del poder del compromiso con Dios, la madurez de mi vida espiritual y el compromiso conmigo misma. Lo tengo muy vivo en mi mente y las palabras aún resuenan en mi alma. Ese día venía conduciendo de mi trabajo y empecé a escuchar una voz interior. Por el modo de escucharlas, sabía que no venían de mi mente: **«Te era menester pasar por esos desiertos (pruebas) y por los caminos por donde te he conducido, y sé que no ha sido nada fácil para ti. Pero ahora empezarás a ver los frutos de tu obediencia y perseverancia».** Mis lágrimas empezaron a rodar por mis mejillas, y agradecí a Dios, que nunca me ha dejado.

Y es cierto que mi vida, desde ese día, ha experimentado el efecto mariposa, como yo lo llamo. Y, como digo en mi primera coautoría (en el libro *La vida no es nada fácil, pero vale la pena vivirla*), **es necesario ponerles ruedas a nuestros sueños, compromisos y metas.** Solo con el poder del compromiso con Dios eterno y con la ayuda de todos a nuestro alrededor haremos un mundo mejor.

Ahora veo los frutos de la siembra con mis hijos.

George, un joven comprometido con su hogar, su hijo, Georgie, y su trabajo.

Efrain, comprometido con su trabajo y con su hijo, Matthew, con lo que demuestra que se puede ser papá soltero.

Mark, comprometido con sus estudios.

Reuben, el que más está comprometido de los cuatro (es mi hijo milagro; pronto, en un próximo capítulo, les estaré compartiendo su historia y testimonio de vida). Él está comprometido con sus estudios, su carrera de terapista japonés. Su sueño y compromiso es vivir en Japón y poder ayudar al hombre asiático en cuanto a la salud mental. Está estudiando la cultura y el idioma.

Si llegaste a leer hasta este punto, querido lector, has conocido un poco de mi historia y compromiso.

Pido en mis oraciones que, donde lleguen este libro y este capítulo, sirvan de apoyo e inspiración al lector, para que entienda que, si yo, a los diecisiete años, logré este compromiso de amor, él también puede. Lo digo con toda humildad y respeto, sin minimizar a nadie, pues todos somos capaces, y tú también. **Créeme o, más bien, créele a Dios**.

Nada es por casualidad, todo en la vida tiene un propósito. Mi amado lector, le ruego a Dios todopoderoso que, s pasas por una prueba o ves tu compromiso lejano, que el padre Dios te llene de fuerza, valentía y cuidado.

Porque el poder del compromiso es la mayor satisfacción del ser humano, es una alegría ver resultados. Pues, ciertamente, cosechamos lo que sembramos. **Sobre todo, hay un mundo que nos observa, una familia a la cual le mostramos con hechos cuál es el poder del compromiso, y eso nos abrirá muchas puertas, creceremos como seres humanos.**

Hay compromisos a largo, mediano y corto plazo. Esto requiere esfuerzo, sacrificar muchas cosas que nos gustan para enfocarnos en nuestros compromisos en cuerpo, alma y mente. Así entregaremos lo mejor de nosotros. Mira que te lo dice esta dama que se ha caído ya no recuerdo cuántas veces, pero me he sacudido el polvo, me he secado las lágrimas y he continuado mi misión y compromiso. No por mis propias fuerzas, sino con la ayuda de Dios. Él no me dejó sola, pues soy la hija del Eterno padre Dios.

Te he contado esta historia, la de mi vida, con humildad. **A él le debo todo, y también le debo mucho a Sagas de Éxito®.** Reconozco que, si no fuera por Remedios Diaz, ahora no estaría en este libro. Ella fue el instrumento que Dios usó para traerme a este emprendimiento y a esta hermosa familia.

Gracias, amada Rosemarie, por modelarme el compromiso y no dejarme sola jamás.

Mi bella Analía, gracias por hacer posible que estas letras sean plasmadas en este capítulo.

Agradezco también a mis hijos, por ser mi apoyo. Especialmente, a Mark y Reuben, que siempre están allí, apoyándome y comprendiéndome cuando me dedico a escribir mis capítulos. Ellos saben muy bien cuál es el poder del compromiso que les vengo mostrando.

Y eso me llena de gozo pues sé que les estoy dejando un legado. No solo a mis cuatro hijos, también a mis nietos y a toda persona que se encuentre a mi alrededor.

Porque una cosa tengo por cierta: tú tienes en tu boca el poder de transmitir fortaleza o debilidad, inseguridad o seguridad. **Yo he tomado la decisión de tomar el compromiso del poder positivo.** Sé que algunas veces soy lo que llaman terca, pero en el sentido positivo. Si algo es muy difícil, no me doy tan fácilmente por vencida. Y, aunque no niego que una u otra vez me he sentido derrotada, han sido más las batallas ganadas. Ello me ha llevado a desarrollar mi carácter y personalidad. **De mi vocabulario, hace mucho tiempo borré las palabras *no puedo* e *imposible*.**

Lo creas o no después de conocer mi historia, yo fui la joven más negativa que pudieras encontrarte. Las personas que me conocen desde niña pueden dar fe de eso. Pero un día Dios me encontró y empezó a moldear este vaso de barro. Y esa fea oruga se convirtió en una hermosa mariposa de colores, que ha aprendido a volar alto a lugares inimaginables.

Querido lector, te invito a probar el efecto mariposa de la mano de un excelso Dios. Te prometo que tu vida no será igual, cambiará para bien. Te invito hacer un compromiso hoy, y verás los cambios.

BIOGRAFÍA DE GRISET V. ESCALANTE

Griset Verónica Escalante nació en un pequeño pero hermoso país, El Salvador, pero vive en Estados Unidos de Norte América desde hace treinta y cuatro años.

Proviene de una familia de negociantes. Su abuelita, doña Tenchita Gálvez, les dejó ese bello legado.

Es la hija mayor ce cuatro hermanos: Evelyn, William y Josh. Este último es el más joven y su orgullo, ya que se independizó en su adolescencia y a los treinta años na logrado muchas cosas.

Es madre a tiempo completo de dos jóvenes (Reuben y Mark) que aún viven con ella. Dios le ha dado el privilegio de traer a este mundo cuatro guapos muchachos; además de los mencionados, es madre de George y Efrain.

También cuenta con el privilegio de ser abuelita de dos hermosos niños: Matthew (cinco años) y Georgie (3 años).

Es *caregiver*, cuidadora de personas de la tercera edad. Su pasión es ayudar, dar amor y cuidados a las personas mayores olvidadas por la sociedad. Trata cada día de darles lo mejor de sí.

También le encanta enseñar a las personas para que enriquezcan sus vidas. Actualmente, es maestra de la Bblia en su congregación, Ministerios llamada final Torre fuerte Hollywood.

Le encanta ver las expresiones en los rostros de sus niños cuando les explica pasajes bíblicos.

También se dedica a la escritura, tiene un talento innato, ya que no ha tenido la oportunidad de estudiar Literatura.

Desea agradecer a sus hijos Reuben y Mark por todo su apoyo y comprensión incondicional en este nuevo proyecto. También al eterno y amado Dios, porque solo a través de él esto es posible, porque la envió a este mundo con una misión: ayudar, animar y fortalecer a otros mediante sus experiencias de vida. Griset se siente feliz de ser hija del Dios todopoderoso y de que moldee cada día su vida con el efecto mariposa.

También desea agradecer a su madre, Verónica Gálvez, por sus consejos, oraciones, apoyo y, sobre todo, por presentarle a ese Dios supremo y poderoso.

Le encantan las artes manuales, y se le dan muy bien. También disfruta crear con las letras lindas.

La escritura es su terapia diaria, la relaja, la transporta a otros lugares, a otras personas.

Griset V. Escalante

Autora Best Seller Internacional con Sagas de Éxito y Universidad de Éxito.

- *Caregiver for elderly people.*
- **Maestra de enseñanza bíblica para los niños de su iglesia.**
- **Poeta.**

«Si Dios me ama y ha mostrado compasión conmigo, yo debo vestirme de compasión, bondad, humildad, mansedumbre y, sobre todo, de mucha paciencia. Solo de esa forma podré mostrar a los demás quién soy: la hija del Dios todopoderoso».

Grizz Verónica Escalante

Griset Verónica Escalante Galvez

lettering_de_bendicion_gris11

grisescala1163

grav.escalante11

lettering_de_bendicion_gris11

Gris.Verito.Escalante.Galvez

lettering_de_bendicion_gris11

2

MARÍA INÉS ORTEGA BARRERA
De México y Estados Unidos

LA PROMESA

Mi vida no ha sido fácil, pero tampoco fue imposible, sé seguir adelante. He sido criticada y señalada como la peor persona. Por varios años sentí que no valía nada. Un día, llorando mi niña me dijo: «No llores más. Si tú lloras, me haces débil. Vamos a salir adelante, juntos seremos más fuertes. Tú vales mucho, mamá, y, si estamos juntos, no necesitamos lujos». **Su promesa fue echarle ganas a la escuela. Mi promesa con ellos fue ser fuerte y luchar por mis hijos y para superar todas las situaciones que pasábamos.**

Hoy se cumple la promesa que hicimos hace muchos años. Hoy mi compromiso es seguir con la escuela, y el de mis hijos, continuar con la suya.

Por difícil que sea la situación, nunca te des por vencido. Nunca agaches la cabeza. Nadie está libre de pecado. Solo a Dios se le entregarán cuentas, a nadie más. Siembra amor y bondad, pero sobre todo comprométete a ser mejor cada día. Deja un legado. Sana tu corazón como lo estoy haciendo yo. A quien te dañe, solo bendícelo; **nadie sabe lo que carga cada uno en su maleta**.

Mi mejor medicina para la sanación y para lograr mi compromiso es el amor de Dios y de mis hijos. Hoy llevo ya más de un año batallando con el vértigo, la movilidad de mi brazo izquierdo y la parálisis facial. Aun así, sigo de pie, todo para seguir adelante con mi compromiso.

Continúo escalando como consultora de belleza de Mary Kay. Yo sigo el consejo de mi padre, él decía que, aunque sea vendiendo chicles, se sale adelante. Si yo puedo, tú puedes lograrlo. Que tu fe sea más grande que tus miedos. **Ámate, respétate, abrázate, arréglate; sonríe, la vida es una sola.** Una mirada lo cambia todo, una sonrisa te dice todo

Aún me falta por mejorar, debo aprender a ignorar cuando me dicen que soy una oveja vestida de ángel. Hoy sigo adelante porque siempre habrá quienes busquen la manera de tirar la toalla. Sé que mi padre camina a mi lado, cuidando de mí y de mi familia. Espero con amor y fe el día en que pueda abrazar a mi mamá y a mi padre.

Hoy me comprometo a seguir preparándome para cumplir el sueño de todo inmigrante, el sueño americano, y a ser la voz de todos los que seguimos soñando con obtener los documentos legales para darles una mejor vida a nuestras familias. Nunca me olvido de dónde vengo ni a dónde quiero llegar, voy siempre con los pies sobre la tierra.

BIOGRAFÍA DE MARÍA INÉS ORTEGA BARRERA

María Inés Ortega Barrera nació el 3 de abril de 1978 en Pueblo Nuevo, Vizarrón de Montes, Cadereyta de Montes, en Querétaro, México. Es hija de Marcelina Barrera Castañeda y de Pedro Antonio Ortega Sánchez y está casada con Josué García Cruz.

Proviene de familia humilde y de gran corazón; desde niña fue bendecida con el amor de sus padres, sus tíos y su abuela. Es una persona alegre, que siempre sonríe y que nunca se da por vencida. Le encanta correr, bailar zumba, conectarse con la naturaleza.

Tiene tres hijos: Lupita, de dieciséis años; Jhoana, de veintitrés, y Juanito, de diecinueve.

Realizó sus estudios primarios en la escuela Tomás Villa Nueva Pérez y los secundarios en la escuela 15 de Septiembre.

Es técnica programadora, analista en computación, estudios que realizó en la ciudad de Querétaro.

Trabajó en Inea, impartiendo clases de alfabetización. También se desempeñó en Gersa como maquiladora de ropa. Allí también trabajó en el Departamento de Contabilidad, en el de Recursos Humanos y como recepcionista. Por medio de la misma empresa, tomó el curso de Comercio Exterior.

Fue parte de ELAC (Escuela Latinoamericana de Coaching), de DELAC y del Club Casa y Hogar en la escuela Rosemary. Asimismo, fue representante de ELAC en la escuela Monroe Middle School

En el año 2017, junto con su hija Jhoana, comenzaron a integrar el grupo de Cadillac Winchester, en San José, California, lo que constituyó un gran reto y aprendizaje para ambas. Dos años más tarde, fue elegida como vicepresidenta de la Asociación de Vecinos Winchester Cadillac y, con el retiro de su presidenta, ocupó dicho puesto por dos años.

En 2016 recibió su primer certificado de PIQE y, en 2022, el segundo. Ese año, obtuvo un certificado de liderazgo gracias a las oportunidades y el aprendizaje en su comunidad; además, también recibió, por parte del consulado mexicano, la certificación en PowerPoint para presentaciones de negocios.

Se encuentra inscrita en el consulado mexicano para terminar la preparatoria en línea.

Su gran sueño es volver a abrazar a su mamá, y tiene fe en que este se cumplirá.

www.breakthroughrose.com   www.sagasdexito.com   www.analiaexeni.com

Quebrando Barreras Vol. 5
EL PODER ESTA EN EL COMPROMISO

«El compromiso es contigo mismo. Sé fuerte como un roble, paciente como una bella flor; brilla como una estrella, pero nunca olvides de dónde vienes».

Coautora
María Inés Ortega Barrera

- Maria Inés Ortega Barrera
- Mary1735.mo
- mariainesortegabarrera2737
- mary1735.mo@gmail.com
- www.marykay.com/MOrtega32505

Ediciones
Autores D·EXITO
www.analiaexeni.com

Sagas de éxito
CORPORACION
www.sagasdexito.com

Breakthroughrose
PRODUCTIONS
www.breakthroughrose.com

**Quebrando Barreras Vol. 5
EL PODER ESTA EN EL COMPROMISO**

«Agradece por cada día, por cada amanecer, por cada oportunidad que nos da el Creador. Nunca dejes de luchar por tus sueños y por tus metas. Alza tus brazos, pide con fe y de corazón y se te dará».

 Maria Inés Ortega Barrera

 Mary1735.mo

mariainesortegabarrera2737

mary1735.mo@gmail.com

www.marykay.com/MOrtega32505

Coautora
**María Inés
Ortega Barrera**

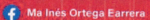

3

YURJANA TORRES
De Venezuela

MI COMPROMISO DE VIDA

Cuando descubrí que mi compromiso de vida soy yo...

Nací en Venezuela, el mejor país del mundo, un lugar lleno de mujeres hermosas, inteligentes y aguerridas.

Desde muy pequeña fui una niña aplicada e independiente. **Crecí en el seno de una familia de clase media; si bien no teníamos lujos, estábamos cómodos.** Mi infancia fue superfeliz, aunque mi papá era muy exigente. Tengo dos hermanos varones; uno es mayor que yo, y el otro, menor.

A los ocho años decidí separarme de mi mamá y mudarme a Caracas para continuar con mis estudios al lado de mis tías paternas. Ellas me ayudaron a cultivar muchos más conocimientos de los que yo ya tenía, para ir creciendo poco a poco y conseguir mejores estudios. Fui avanzando y aprendiendo, conocí a muchísima gente, **aprendí a desenvolverme cada día más y a valerme por mí misma**. Adquirí responsabilidad y entendí que no podía depender siempre de los demás.

Fui creciendo con el hábito de que todo lo que fuera sembrando iba a depender únicamente de mí. **Aprendí muchas cosas durante el tiempo en el que estuve lejos de mis padres, sobre todo, a valorar su presencia.**

En la primaria me gradué con honores. Tuve excelentes calificaciones, era una niña estupenda. A los catorce años decidí regresar a Mérida, la ciudad de los Caballeros, para continuar con los estudios de bachillerato.

Sin embargo, al regresar conocí a un vecino, quien fue mi primer novio y mi primera ilusión. Vivimos un noviazgo corto; en ese tiempo, a los quince años, quedé embarazada. Fue un gran impacto para mis padres porque ellos siempre se esmeraron para darme lo mejor y yo era una niña ejemplar, por lo que nadie se lo esperó.

Este momento fue un choque superfuerte en mi vida; quedar embarazada siendo tan joven es algo por lo que la sociedad siempre te juzga. En esta época estudiaba en un colegio privado, de monjas. Fui sumamente señalada por los profesores y por los mismos directivos, por eso tomé la decisión de retirarme y estudiar en un liceo público, lugar en el que me recibieron con los brazos abiertos. Gracias a mis calificaciones, me permitieron continuar con mis estudios allí a pesar de la situación por la que estaba pasando.

Seguí luchando por esa personita que tenía en mi vientre. Yo quería terminar una carrera y salir adelante; sin embargo, durante mi embarazo la sociedad me presentó muchos obstáculos. **Porque lo que hacemos las personas es criticar, en vez de aportar o ayudar a quienes necesitan de nosotros.** En mi caso, fui muy señalada por familiares, conocidos y hasta amigos, pero seguí con mi embarazo.

Enfrenté este momento junto al padre de mi primera hija. Cuando el embarazo llegaba a su término, exactamente el 21 de noviembre, nació mi bebé, que se llama Jhorliana Valero. Ver a esa pequeña criatura con ojos color café, tan chiquitica e inocente, me impulsó a seguir adelante, luchando. Ya no me importaba lo que dijera la gente, no me importaban las críticas. **Había algo dentro de mí que se había llenado de muchísima fuerza.**

Una vez que mi hija nació, continué con mis estudios. Tuve excelentes notas, en realidad, en ningún momento las bajé a pesar de mi situación. Aunque me gradué con honores, no pude obtener el título de mejor alumna porque, para la sociedad, una dama que había sido embarazada a sus quince años no podía ser un ejemplo. **Esta situación sin sentido pasó a ser invisible para mí cuando noté a mi hija de un año sentada en el auditorio, viéndome mientras me graduaba.** Esa fue la satisfacción más grande. Solo eso fue necesario para olvidarme de todos los prejuicios que la gente tenía sobre mí.

Mi hija fue creciendo, y mi vida fue avanzando. Y la realidad seguía presentándome lecciones. Tuve que trabajar fuertemente para sacar a mi hija adelante.

A los dieciocho años comencé a trabajar de mesonera en un casino nocturno. Contaba con el apoyo de mi madre, quien cuidaba a Jhorliana durante las noches. Una vez que terminaba de trabajar, volvía a casa a cuidarla yo mientras mi madre trabajaba. Así nos fuimos bandeando económicamente, ya que **me separé del padre de mi hija a los dieciséis años y desde entonces estuve con ella sola**.

Luego de un buen tiempo, el cansancio se hizo insoportable, por lo que ya no pude continuar trabajando de noche, así que empecé a trabajar como recepcionista en un centro clínico privado. Allí conocí a mucha gente e hice muchas amistades. Logré que mi hija tuviera una muy buena educación y que la atendieran, para yo seguir trabajando. Sin embargo, lo que ganaba en ese centro clínico no era suficiente, así que decidí tener un segundo trabajo por las noches en una discoteca, como jefa de seguridad. Estuve así un buen tiempo, pero **no me importaba el cansancio, lo que más me importaba era ver que a esos ojitos color café no les faltara nunca nada**.

Los años fueron pasando, ella fue creciendo, y yo me esmeré para que todos sus cumpleaños fueran inolvidables y para que su infancia fuera la más feliz. Tuve que trabajar mucho para sacar a mi hija adelante. Me tocaron tiempos muy fuertes: fui empleada de limpieza en apartamentos durante el día; en varias ocasiones, tuve que salir a vender ponqué en las calles, hasta tuve que llevar a mi hija conmigo.

Hoy agradezco la educación y la exigencia que recibí, me ayudaron a avanzar a pesar de la situación que estaba atravesando. Mi padre, llamado Jany Alberto Torres, era un hombre muy exigente, él nunca se conformaba, siempre pedía que diera y me esforzara más. También contaba con el apoyo de mi madre, la señora Luz Marina Sánchez, una mujer muy guerrera. Ella me enseñó que ningún trabajo deshonra si es para sacar a un hijo adelante. Mi hija es lo que es, hoy por hoy, gracias a ella. Y también por ella soy el mujerón que soy. Tengo unos padres maravillosos. Soy dichosa y afortunada porque, por todo lo que ellos me enseñaron, forjaron en mí un diamante indestructible. Creo que no me alcanzará la vida para agradecerles por sus enseñanzas, por su esfuerzo, por sus exigencias; gracias a ellos superé todos los obstáculos que se me fueron presentando en la vida desde mi temprana edad.

Cuando estaba por cumplir veintidós años, conocí por medio de una gran amiga a un hombre. Él me lleva veintiún años. A mí siempre me llamaron la atención los hombres mayores que yo; me daban seguridad, admiraba su experiencia y, además, sentía que se tomaban las cosas con más compromiso y no solo como un juego. Entonces, **Dios puso en mi camino a un hombre llamado Ramón Gutiérrez**. Él me tendió su mano para comenzar a vivir juntos una nueva vida llena de aventuras, una vida llena de nuevos propósitos, con metas y perspectivas diferentes. En un momento, me cuestioné cuánto podía llegar a durar una relación entre dos personas con tanta diferencia de edad, pero él es un hombre muy inteligente, con una gran belleza interna. Me conquistó de una manera que muy pocos hombres pueden lograr: con sus hechos, sus palabras y sus gestos. **Él me dio la oportunidad de ver la vida de otra forma, me hizo creer que, si antes pude con todo, ahora puedo con mucho más.** Emprendí una relación con un gran compañero de vida, quien además es un amigo, un amante y un confidente. Para mí, él lo es todo. Gracias a él nos hemos ido superando.

Luego de cuatro años de noviazgo, decidimos poner en nuestros planes a un hijo. Un hijo que debería llegar a nuestras vidas para darnos más compromiso y mucha más unión..., y así fue. Llegó a mi vida mi segundo gran amor, Luz Elena del Valle. Tuve un embarazo bastante complicado, hubo bastantes obstáculos.

Durante mi relación, hemos tenido muchas dificultades, muchos altibajos. Y por ello quiero agregar esa frase antigua que dice que el hombre hace a la mujer y que la mujer hace al hombre; es verdad. **Una pareja se hace mutuamente**, y yo lo he comprobado. Como toda pareja, hemos tenido nuestros problemas, no fue una relación perfecta; no obstante, nosotros nos hemos fortalecido y llevamos las cosas a un mejor punto. Hemos aprendido a crecer en todos los ámbitos.

Creo que Dios lo colocó en mi vida en el momento indicado. Es un hombre maravilloso y un padre excelente. Es simplemente espectacular, es mi complemento perfecto.

Desde el primer momento que estuve con mi compañero de vida, trabajé con él. Ramón no me permitió seguir trabajando con otras personas; sin embargo, al comienzo de nuestra relación, tuve que seguir trabajando en mi turno nocturno. Yo siempre le hice saber (y con el tiempo se lo demostré) que no iba a ser de esas chicas que esperan a que les llegue todo. **Yo era capaz de tener mis cosas por mí misma.** Él decidió apoyarme, pero, como no quería que yo llevara una vida con tanto estrés por mis dos trabajos, comencé a trabajar con él. En ese momento, él trabajaba para una de las marcas de motos más conocidas, así que me unió a su equipo como su asistente personal.

Luego de un tiempo de estar juntos y de haber superado tantos obstáculos, decidimos empezar un nuevo proyecto en el año 2020. **Este proyecto se basaba en la creación de una empresa, la cual hoy por hoy lleva por nombre de Transporte e Inversiones Mi Virgen del Valle 2020.** Esta empresa se encarga de realizar el transporte de la ensambladora de motos número uno a nivel nacional: Bera Motorcycles. Mi papel es fundamental en esta empresa, soy la gerente general. Manejo todo lo relacionado con la empresa, de la mano de mi compañero de vida. Nos hemos dedicado y enfocado a armar un imperio. **Hemos tenido mucho apoyo y formamos una gran alianza con el Sr. Elías Beirouti, una persona a la cual ambos admiramos demasiado y estamos muy orgullosos de pertenecer a la familia de Bera Motorcycles con él**. Él nos decía: «Pa'lante, sí o sí, te veo lento». Con sus palabras de motivación y arranque, nos motivaba a seguir día a día dando lo mejor. Esto era sumamente importante para mantenernos activos a la hora de trabajar.

Gracias a todo lo vivido, a todo lo exigido, hoy por hoy soy lo que soy. **Siento que soy ese diamante en bruto que fue forjado con pequeños esfuerzos**, con muchas piedras en mi camino. Es gracias a mis padres, a mis hermanos, a mis familiares, a mi compañero de vida y a todos esos pequeños grandes obstáculos que hoy estoy donde estoy.

Quiero que mi historia sirva como inspiración para todas aquellas mujeres que quedan embarazadas a temprana edad. Para aquellas mujeres que fueron y son señaladas, a las que les dicen que no van a poder y que su vida está arruinada. No, eso no es así. Tu vida se arruina solo si tú lo permites. Sí podemos seguir adelante. **Todas las mujeres podemos salir adelante, todas podemos brillar, todas vamos a tener una mano amiga.** Yo encontré personas maravillosas a mi lado, doy gracias porque soy dichosa de tenerlos junto a mí. Soy dichosa y estoy muy agradecida de formar parte de la gran familia que somos en nuestra empresa.

Espero que esto sirva como motivación para todas las mujeres a las que les dicen que no pueden. Tú sí puedes. No permitas que el tiempo te siga pasando. Es momento de transformarte. Cambia la visión, cambia la manera, cambia tu actitud, y verás cómo te transformas en tu mejor versión.

BIOGRAFÍA DE YURJANA TORRES

Yurjana Torres nació y vive en Venezuela. Su familia, de clase media, está compuesta por sus padres, Jany Alberto Torres y Luz Marina Sánchez, y dos hermanos varones. Hoy tiene dos hijas, Jhorliana Valero y Luz Elena del Valle.

Yurjana ha trabajado desde muy joven: de mesonera en un casino nocturno, de recepcionista en un centro clínico privado, como jefa de seguridad en una discoteca, de empleada de limpieza en apartamentos...

En la actualidad, es gerente general de la empresa que ha creado con su marido: Transporte e Inversiones Mi Virgen del Valle 2020, la que se encarga de realizar el transporte de la ensambladora de motos número uno de Venezuela: Bera Motorcycles.

Ediciones
Autores D·EXITO
www.analiaexeni.com

CORPORACION
Sagas de éxito
www.sagasdexito.com

Breakthroughrose
PRODUCTIONS
www.breakthroughrose.com

Quebrando Barreras Vol. 5
EL PODER ESTA EN EL COMPROMISO

«Siempre llega ese momento en el que Dios coloca todo en su lugar. Solo confía en ti y mantén una fe inamovible».

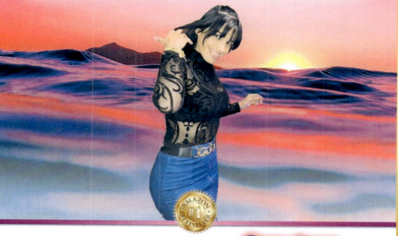

 Yurjana Torres

 Yurjana_Torres

✉ Yurjana.15@gmail.com

Coautora
Yurjana Torres

4

PAO CÁRDENAS

De Venezuela y Estados Unidos

QUÉ, POR QUÉ Y PARA QUÉ

Desde muy pequeña tuve sueños muy grandes; casi a diario, **proyectaba en mi cabeza «mi vida ideal».** Era un escenario de telenovela, donde las casas, los carros, los trabajos y las personas eran perfectos; pero yo vivía en un entorno donde esa imagen era solo una ilusión, y nada más.

Soy la mayor de cuatro hermanos, siempre he pensado que es un número alto de personas para una sola casa; mis padres no tenían una economía muy holgada, entonces, en ocasiones, a la hora de la cena, podíamos comer dos arepas: una con media lonja de jamón y la otra solo con mantequilla. Siempre odié cuando eso sucedía y, de manera poco cortés, le hacía saber a mi mamá que estaba infeliz con eso. Ante mi queja, ella siempre me respondía: **«Estudie, mija, estudie bastante para que, de grande, no le pase esto.** Si yo hubiera hecho caso y me hubiera convertido en médica —era lo que ella quería ser—, no le daría arepa con mantequilla».

Así pues, lo hice, estudié, tengo tres carreras y he dedicado mucho tiempo de mis cuarenta años a formarme y cultivar mis conocimientos.

Quiero acotar que nunca alguien me dijo que la felicidad, el amor y el éxito no se persiguen, no son metas, no se compran, no se aprenden en ninguna universidad, sino que se viven, se disfrutan, se valoran y se aprecian. Es importante esta acotación porque, ante el desconocimiento de estos pequeños detalles, pasé la mitad de mi vida (veinte años) esperando que algún día alguien me amara para poder ser feliz y, por ende, exitosa. Porque lo demás, estudiar y trabajar, ya lo había hecho y, dicho sea de paso, se me daba muy bien.

Me gradué de mi primera carrera universitaria. Me casé. Tuve a mi primer hijo, Samuel Alejandro, mi primer todo, mi mano derecha, mi carta de presentación. Me divorcié y, a los treinta años, regresé a la casa donde vivían mis padres, un apartamento muy pequeño (era una residencia para conserjes). El sentimiento de ese momento tal vez muchos lo conozcan; **me sentía frustrada, fracasada, angustiada, decepcionada**, y no porque me avergonzara el trabajo de mis padres, al contrario, se suponía que yo debía sacarlos de ahí, sino por regresar sin logros y con un hijo. Volver a empezar con un bebé de un año, sin papá, sin apoyo y sin entender por qué a mí, eso era lo verdaderamente duro.

Me volví a ilusionar unas tres veces, más o menos; la verdad, fueron muchas ocasiones más, pero quizás estas tres fueron las de mayor relevancia porque cambiaron mi vida, fueron giros de ciento ochenta grados en cada momento y, sin duda, dejaron en mí un aprendizaje de alto impacto. Hoy puedo decir que fueron la razón por la cual llegué a ese punto donde **decidí mejorar mi relación con Dios, hacer un pacto sagrado con Él y entender que el poder está en el compromiso.**

De esas tres experiencias aquí voy a compartir algunos detalles de una de ellas, y la razón es porque de ahí nació mi Samel Andrés, mi complemento perfecto, mi cable a tierra, mi mayor muestra de la existencia de un ser supremo, omnipotente llamado Dios.

En esa búsqueda del amor, la felicidad y el éxito, me entusiasmó la idea de salir e intentar una relación de pareja con un hombre doce años menor que yo. Al cabo de unos dos o tres meses, quedé embarazada de Samel. Ya ven por qué el giro de ciento ochenta grados. Fue impactante para mí; **aun cuando tenía casi treinta y dos años, estaba recibiendo mi título de Maestría en Ciencias Gerenciales y tenía mi negocio y mi carro, sentía que no iba a poder seguir adelante**. Además, porque en ese poco tiempo entendí que el papá de mi bebé no era la persona que yo buscaba para amar, ser feliz y tener éxito. Recuerden que esa era mi meta.

Regresó a mí ese sentimiento de frustración, fracaso, angustia y decepción, porque ahora eran dos hijos, de dos hombres distintos, en la misma casa donde vivían mis padres, sola de nuevo porque este jovencito no era lo que yo creía que necesitaba para amar, ser feliz y exitosa.

Peleé conmigo, peleé con Dios porque no entendía la razón de no tener a alguien que me amara como yo quería. Pensé en no tener a ese bebé. Los primeros meses de embarazo fueron desesperantes. No sabía qué sería de mi vida. Sentía que ahora tendría menos oportunidades de conseguir quien me amara, con dos hijos de diferentes hombres. Mi cabeza colapsó. Sentí morir al menos una vez por semana.

Pero un día, en medio de mi desesperación, **mi amiga Rina me enseñó acerca del discernimiento y empecé a estudiar este tema. Lo complementé con la Programación Neurolingüística (PNL)**, mundo en el que me había introducido mi gran amigo Fidel, y tuve la revelación que cambió mi vida. Mi siguiente giro de ciento ochenta grados.

Tengo en mis planes escribir un libro con los detalles de cada uno de los episodios de mi vida; créanme, son fascinantes. Pero en estas cortas líneas les quiero decir que ese proceso de cambio y transformación me tomó tiempo, porque **nada sucede de la noche a la mañana, todos los cambios grandes requieren pasar por un gran proceso**, y eso se transforma en tiempo. También me costó dinero. Pero estoy convencida de que mi capacidad para haber lidiado con tantas cosas en la vida se debió a mi habilidad de aprender a elevar mis niveles de conciencia a través del discernimiento, y eso no se aprende, repito, de la noche a la mañana y tampoco en la escuela primaria. Derramé lágrimas, muchas. Siempre digo que la muerte de mi padre biológico y este proceso de transformación han sido los dos episodios de mi vida cuando más lágrimas he derramado.

Y se preguntarán qué fue lo que descubrí. Bueno, que **la única verdadera clave para amar, ser feliz y exitosa era conseguir mi propósito de vida que no es más que saber con certeza a qué, por qué y para qué vine a este mundo**. ¿Cómo lo hice? Pues, parte del proceso fue entender que tenía que dejar de buscar afuera lo que debía buscar dentro de mí. Aprendí a amarme, a respetarme, a valorarme. Entendí que amar y ser feliz son decisiones que no dependen de nadie más sino de mí. Que el éxito es subjetivo, también que es algo pasajero, que más vale tener una vida satisfactoria. Hice las paces con Dios, entendí que soy su hija favorita y que todo, absolutamente todo lo que me tocó vivir fue consecuencia de mis actos. Lo sé, pero fue como la lección que da un padre que ama al hijo predilecto. Limpié mi alma, mi mente y mi cuerpo, me asqueé del acto de salir con hombres pensando que tal vez alguno un día se daría cuenta de lo intelectual que era y se atrevería a amarme; en cambio, me comprometí con Dios. Le prometí ser la mejor madre del mundo, cuidando cada detalle; educar a dos hombres grandes, talentosos y prósperos para este mundo que tanto lo necesita; no prometí ser perfecta, pero sí trabajar en conseguir la excelencia cada día en todo lo que hago. **Por último y lo más importante: le di mi palabra de amarme por sobre todas las cosas.**

Cuando descubres tu propósito de vida, vuelves a soñar como cuando eres niño, pero la gran diferencia está en que, esta vez, esos sueños ya no se vuelven ilusiones, se convierten en metas, y **las metas son objetivos que se logran a través de la ejecución de una planificación estratégica, ejecutada de manera eficiente con enfoque, disciplina, trabajo y una fe inamovible**.

¡Recuerda que es simple, no fácil!

Y esto no se acaba sin dejarles saber que mi primer gran sueño era tener una familia, de esas de película, porque también descubrí que la vida de nadie es una novela, todo lo contrario, las novelas son historias de la vida de alguien con papá, mamá, casita, niñitos, piscina y perrito. Cinco años después, solo me faltan la piscina y el perrito.

Dios envió a mi vida a un hombre maravilloso que ama más a mis hijos que a mí, cosa que me funciona a la perfección, porque yo ya sé amarme. También nos regaló a Sennet Antonella, mi muñeca más chiquitita, la guinda del pastel, el eslabón que le faltaba a esta cadena. Somos un *dream team*.

Cuando descubres a qué, por qué y para qué viniste a este mundo, la vida simplemente se vuelve mágica, todos los días eres feliz, no importa lo que suceda alrededor o dentro de ti, solo eres feliz y ya. Lo verdaderamente maravilloso es que empiezas a disfrutar de la dicha de vivir en la plenitud de la bondad de Dios.

«No os conforméis a este siglo, sino transformaos por medio de la renovación de vuestro entendimiento, para que comprobéis cuál sea la buena voluntad de Dios, agradable y perfecta».

· Romanos 12:2

Entender el poder del compromiso será la piedra angular que te ayudará a descubrir tu propósito de vida. Solo cuando logres comprender a qué, por qué y para qué viniste a este mundo, entenderás que vivir en propósito es la clave auténtica para alcanzar cada día eso que todos llaman éxito.

BIOGRAFÍA DE PAO CÁRDENAS

Pao Cárdenas es fundadora de Grupo Pao Cárdenas Internacional. Ella asegura que, desde que descubrió que la verdadera clave del éxito era saber a qué, por qué y para qué se viene a este mundo, su vida empezó a tener el sentido que siempre quiso.

Su mayor sueño era tener una familia, y hoy vive en los Estados Unidos con sus tres hijos y un esposo maravilloso, de esos que son capaces de hacerlo todo solo por verla feliz. Eso, para ella, es el éxito o, como afirma en sus presentaciones, «tener una vida satisfactoria».

Es coautora de los libros best sellers *El Poder del Amor* y *Frases transformacionales que quiebran barreras*, de la corporación Sagas de Éxito®.

Ha sido galardonada como Autora #1 Internacional *Best Seller* por Ediciones Autores de Éxito®, también ha sido distinguida como figura pública internacional por Breakthroughrose Productions.

Actualmente, es conferencista, conductora del espacio de Instagram Pao Live y directora de *marketing* de la Cámara Internacional de Conferencistas Capítulo Venezuela y Paraprofessional Bilingual en el Distrito Escolar 742 de St. Cloud, Minnesota, donde reside junto a su equipo de alto desempeño o, como ella le llama, su *dream team*: su hermosa familia.

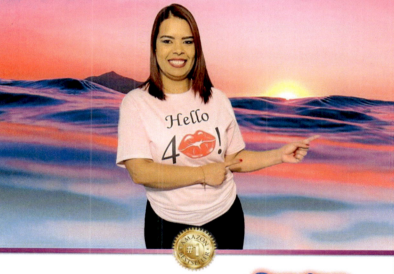

 Pao Cardenas

 paocardenascficial

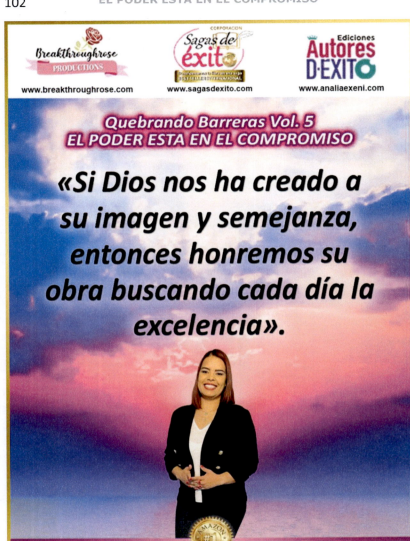

5

ANA ERIKA DUARTE

De Venezuela y Estados Unidos

¿A QUÉ TE COMPROMETES HOY?

Con el pasar de los años, nos damos cuenta de qué tan frágiles podemos llegar a ser frente a las circunstancias de la vida. Reímos, lloramos, sufrimos, amamos, pero siempre caminamos sin hacernos una pregunta: ¿a qué me comprometo hoy?

Nuestra mente vaca por tanta información desde que somos niños que llegamos a adultos y pensamos que podemos estar acertados en todas las decisiones. Transitamos por este maravilloso camino llamado vida intentando complacer a todo nuestro alrededor (familia, amigos, pareja, sociedad...), pero **¿hasta qué punto sentimos un compromiso por complacernos a nosotros mismos?** Perdemos muchas veces nuestro foco, nuestros sueños, sin detenernos a pensar si realmente aquello vale la pena.

Y ahora te pregunto a ti, amigo, que me lees hoy: ¿te sientes feliz con la vida que estás viviendo? ¿Estás viviendo por ti o por alguien más?

Soy una mujer, como muchas, a la que le tocó salir adelante sola con su pequeña hija y, aunque pensé que me comía el mundo intentando ser la MUJER

MARAVILLA, tomé muchas decisiones que, con el pasar del tiempo, supe que no fueron las correctas. Hoy en día las cuestiono desde mi inteligencia emocional. Me doy cuenta de que **nuestro viaje en esta vida es tan corto y somos tan vulnerables que no merecemos vivir una vida de complacencia hacia los demás**.

Cada paso, cada segundo, cada minuto debemos vivirlo al máximo sintiéndonos en plenitud total en todos nuestros aspectos. Muchas veces olvidamos que nuestro compromiso con nosotros mismos debe ir más allá de lo que los espectadores de nuestra vida piensen. ¿Qué realmente me hace feliz? ¿Qué me regala la paz que tanto necesito? ¡Qué delicia sentir el sabor de que hacemos las cosas porque así las sentimos o simplemente porque así se nos da la gana! **Tenemos derecho a equivocarnos, pero también tenemos derecho a rectificar y ajustar poco a poco nuestra vida hasta llegar al engranaje perfecto.**

Lastimosamente, antes de nacer, no nos dan el manual de cómo debemos vivir; sería maravilloso tenerlo, pero la realidad es otra. Desde que estamos en la barriga de mamá, venimos con una programación que desarrollamos sin darnos cuenta, e incluso nos volvemos expertos en repetir historias que no son nuestras, que no nos corresponden. Y no con esto debemos hacer responsables a nuestros padres de ningún chip encapsulado en nuestra mente, pues ellos también vienen de una cadena interminable de emociones y simplemente intentaron hacerlo lo mejor posible. Pero ¿cuándo pasamos nosotros a jugar un papel importante y a ser los protagonistas de nuestra propia vida?

Aprendemos a amar a las personas que nos rodean de una manera inquebrantable; **hay un punto de nuestra vida en el que nuestros sentimientos y emociones siempre deben estar ligados a alguien o algo**. Nuestra mente comienza a hacernos preguntas, día tras día, de cómo sería nuestra vida sin todo lo que conscientemente llamamos felicidad, pero que solo es un juego de nuestro ego por querer hacernos dependientes de un concepto tan vago de lo que es ser feliz. Son esas ganas de querer mantenernos en nuestra zona de confort, que a veces amamos y a su vez odiamos, pero que solo termina por llevarnos a la monotonía, al aburrimiento o, simplemente, a un estado de abrumamiento total de nuestra mente, cuerpo y alma. Todo parece salirnos al revés y, mientras más luchamos por querer ser aceptados en un mundo de fantasía, más nuestro espíritu comienza a hundirse en un callejón sin salida. Y nos preguntamos qué es eso que nos falta. Porque, aun queriendo ser feliz, no siento que mi mente llegue a demostrarme que estoy donde quiero estar.

La respuesta es muy simple: **se nos está pasando la vida y aprendemos a caminar en función de los demás**. Queremos darnos amor, pero amamos a los otros más que a nosotros mismos; queremos demostrarnos lealtad, pero todos los días nos juzgamos y somos tan infieles con nosotros mismos que terminamos por aceptar las migajas que nos brinda el mundo.

Y es aquí donde comienza nuestra guerra interna entre «el bien y el mal». Un día despertamos y nos damos cuenta de que la vida se hizo para vivirla, de que cada respiro, cada lágrima, cada paso que damos están controlados de manera exclusiva por nuestra mente y cuerpo. Reaccionamos y entendemos que **tenemos demasiado que ofrecernos a nosotros mismos y que el AMOR INCONDICIONAL sí existe, empezando por mí**. Despertarse en las mañanas, respirar, abrir los ojos, mover las manos, poner los pies en el suelo son la muestra fiel y exacta del amor y de una fuerza suprema que te adora tanto que te permite convertir las cosas más simples en maravillosas. Es un amor que no exige, un amor puro, un amor tan sublime que día a día llena tu alma sin costo alguno. **El día que hagamos clic en nuestra mente de manera consciente, daremos el paso para entender sobre lo mucho que valemos y entraremos al nivel de saber vivir una vida en plenitud.**

Es ahí cuando comenzamos a caminar otra vez desde cero, poniendo la mente en blanco para llenar nuestro disco duro personal de información nueva: de nuevos hábitos, de nuevas y mejores maneras de ver la vida, de apreciar lo que a los ojos de muchos no tiene valor, pero que a los ojos del Supremo lo tiene todo. Ese día de despertar consciente vuelve tu vida mágica, te acercas a todo aquello que algún día viste como un sueño, pero que, con el pasar del tiempo, se convierte en realidades palpables, y llena el alma de regocijo y emoción. **Comienzas a experimentar las DIOSIDENCIAS en tu vida, que no son más que todo el poder de esa magia divina en tu corazón**. Todo empieza a tomar sentido nuevamente, la luz del día ya no es tan gris y la noche te regala el descanso de todo lo increíble que puede ser la vida. De repente, lo que me perturbaba se convierte en un aprendizaje, entendiendo que de eso se trata estar vivos y que todo tiene sus matices; simplemente, debemos pintar nuestra vida del color que tengamos a mano. Y es este instante en el que reaccionamos para entender que nuestro principal compromiso es con nosotros mismos; que, a pesar de las vicisitudes, siempre todo pasa por algo; que todo es temporal; que siempre hay una luz al final del túnel, y que ninguna circunstancia, por más difícil que sea, dura para siempre.

BIOGRAFÍA DE ANA ERIKA DUARTE

Ana Erika Duarte nació en la ciudad de Mérida, Venezuela, y vive actualmente en la ciudad de Miami, Estados Unidos. Es hija de padres muy humildes, pero que la hicieron crecer con muy buenas bases de hogar.

Estudió Derecho en la Universidad de los Andes y es abogada de profesión, con especialidad en casos civiles.

Ana Erika es apasionada por la lectura, en especial, la referente al crecimiento personal y espiritual.

Es embajadora oficial de la Cámara de Conferencistas Internacional de Estados Unidos; es dama internacional certificada en el programa de Liderazgo Femenino por International Woman Leader & Cámara Internacional de Conferencistas. Además, posee un diplomado en Inteligencia Emocional y Psicología Positiva avalado por Aprende Institute, una de las escuelas digitales más importantes en todo el continente americano según la HolonIQ, la fuente de inteligencia educativa más trascendental del mundo.

Asimismo, es madre de una pequeña princesa de seis años, llamada Victoria (su regalo más valioso).

Llegó a Estados Unidos con la fe y la convicción de lograr sus más grandes anhelos, entre esos, registrar una fundación que llene de amor y esperanza a los niños sin hogar. Su lema es: «El que no vive para servir, no sirve para vivir».

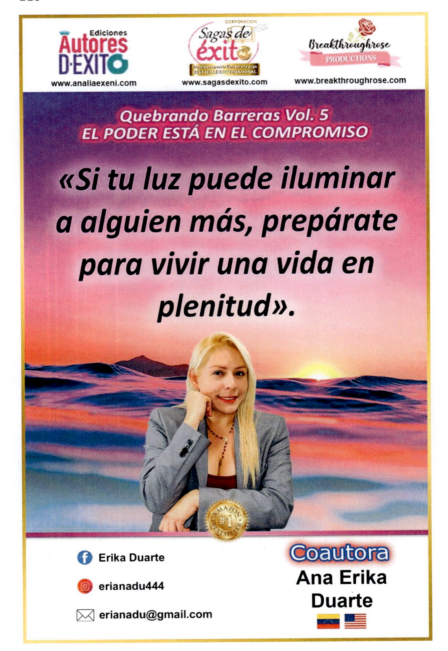

6

ROSA AMPARO RUIZ SARAY
De Colombia

TODO ES POSIBLE; ¡ATRÉVETE!

Siempre sigo al corazón.

¡Hoy brindo por mis logros y reconozco lo lejos que he llegado!

Por mi salud, gracias, gracias, gracias...

Contemplando la inmensidad del mar, llegan a mi mente gratos recuerdos; **hoy sé que los frutos generados son el resultado de los sueños, las equivocaciones, las incomodidades, los imprevistos, los obstáculos y los aciertos durante los años vividos**.

Observo con detalle frente a mí a unos pescadores lanzando su carnada, y la relaciono con el proceso para lograr lo propuesto: seducir al pez y con ello gozar de un ingreso económico, de una comida deliciosa o, simplemente, del placer que genera dicha acción.

Escucho las olas del mar, su aire calmado y con gran fuerza en el oleaje; mi corazón manifiesta un sentimiento de amor por estar en la bella Cartagena de Indias (Colombia) y visualizo con el tercer ojo, el ojo de la intuición, que la estadía corta es grandiosa.

Compartí el placer por la escritura; Ximena Lagos Provoste, gran escritora chilena, realizó una ceremonia de entrega del libro *best seller Liderazgo es amor: Tendencias de triunfo*. **Aquí yo aporté un capítulo, titulado «Potencial de amor»; invito al lector a incorporar en su vida las *aformaciones* que allí aparecen.**

Las gaviotas en su vuelo muestran gran organización y se mantienen así en aras de lograr llegar a su destino, ¿así es la vida?

Ahora, relaciono lo anterior con el poder que está en el compromiso, el poder lograr lo que quieres. Aquí deseo compartirte algunas estrategias producto de los aprendizajes generados durante los años de vida; me las he apropiado y las he aplicado. Te invito a que conectes con ellas y, si es de tu interés, las incorpores y apliques en tu vida.

Estrategia 1

Calma tu mente y equilibra tu ser

Independientemente de lo que cueste realizarlo, corresponde comprender de forma consciente las excelentes repercusiones que se alcanzan al lograrlo; tu salud física, mental y espiritual te lo agradecerán. Te vas a sentir bien y vas a vivir mejor de forma plena y feliz.

Calmar la mente es contribuir a calmar tu vida, cuerpo y alma.

Observa lo valioso de la estrategia 1, para ello, **dedica inicialmente de cinco a diez minutos diarios, durante veintiún días, a este ejercicio**. Luego incrementa el tiempo, según tu decisión, hasta noventa días. Así, lo habrás convertido en un hábito.

Comprométete con la(s) que más resuene(n) contigo... Al iniciar, respira de tres a cinco veces suavemente de forma lenta y profunda, ubica la postura de tu agrado, selecciona el lugar que te inspire y evita distracciones.

Es un momento de amor infinito de ti para ti, deja que todo fluya... adelante.

Algunas técnicas:

Medita, practica yoga mental, realiza musicoterapia con música relajante, escribe, lee, toma baños tibios, camina, practica técnicas de respiración, disfruta del olor de las plantas, establece contacto con la naturaleza, identifica las sensaciones físicas de tu cuerpo, revisa las emociones con su nombre, siéntate en silencio, comparte con amigos, conéctate con tus seres queridos, duerme lo suficiente, acepta aquello que no puedes cambiar, crea tus mantras y repítelos, agradece, haz ejercicios de relajación, escucha las ondas beta y los cuencos tibetanos. Todas son técnicas enfocadas al respeto, al equilibrio interno, a la armonía, a la tranquilidad, al bienestar, a la seguridad y a la paz.

Si es de tu preferencia, utiliza esencias, aceites para aromaterapia, luces y velas.

Ejemplo: técnica de la luz. Consiste en respirar e imaginar que ingresa y sale luz blanca por el entrecejo, que genera calma, tranquilidad y armonía. La unes con el ritmo de tu inhalación y exhalación. Realízalo por cinco minutos. Es especial para aquellos momentos de ansiedad.

Estrategia 2

Diferencia entre lo urgente y no urgente

El principio de Eisenhower explica que lo urgente e importante (relevante) corresponde realizarlo en el aquí y el ahora; lo no urgente e importante se planifica en la lista de tareas o compromisos calendario; lo urgente, no importante, se delega, y lo no urgente y no importante se descarta.

Ordena tus pensamientos de acuerdo con lo que deseas y proyectas en tu vida.

Toma nota de las pequeñas victorias que has logrado, son fuente de inspiración para continuar...

Recuerda que todos los días sale el sol, con paciencia, motivación, dedicación, perseverancia, progreso y pasión, alcanzarás lo que te has propuesto.

<u>Estrategia 3</u>

Lo que te mereces

Formula tus aformaciones con intención, con fuerza. Aprende a expresar tus deseos y a lograr lo imposible.

Recuerda que **la clave de la redacción es el signo de interrogación, escribir por qué**, y que es importante repetirlas con tu vibra intencional fuerte, tres veces seguidas durante noventa días.

Ejemplos:

¿Por qué mi cuerpo y mente funcionan de manera perfecta todos los días de mi vida?

¿Por qué disfruto investigando en equipo el tema de salud mental?

¿Por qué el dinero trabaja para mí?

¿Por qué tengo tranquilidad financiera?

Ten presente que el todo responde a tu mentalidad.

<u>Estrategia 4</u>

Organiza tu día

Aquí te invito a identificar lo urgente e importante. Al iniciar tu jornada, agenda por día los tiempos y el presupuesto para la gestión, organiza tus acciones en un máximo de cinco por día, teniendo en cuenta tus áreas de vida (lo relevante).

En la vida corresponde trabajar de forma holística. Al iniciar, asigna un día, dos... por área de interés. Y algo superimportante: evalúa tus avances diarios a consciencia y toma decisiones las veces que sea necesario, siempre hacia tu mayor, mejor y máximo logro.

Entrénate con la actitud perfecta para organizar tus tareas. Cambia tu mentalidad.

Estrategia 5

Celebra tus logros

Me encanta y sé que, cuando lo incorpores en tu vida, será maravilloso. Vas logrando lo que tú quieres para ti, y celebrarlo es un honor. Honra desde lo más profundo de tu corazón tus logros, experimenta un sentimiento de intensa gratitud. Tu salud mental y emocional recibirán el impacto positivo.

Festeja tus logros y tus momentos de éxito solo(a) o acompañado(a), reconócete excelente.

Valora y disfruta tus logros, prémiate.

Algunas propuestas para festejar son:

Consiéntete con un día de *spa*, invierte en algo bonito para ti, date una escapada *flash* de fin de semana, prepara una cena especial con tus amigos o seres queridos, invierte en un cambio de *look*, escribe los logros en tu diario o en el móvil, compártelos con quienes tú desees.

Ejemplo: abrázate por lo logrado, y pronuncia palabras amorosas para ti, por lo menos, durante dos minutos.

Mi intención contigo es motivarte a través de las cinco estrategias compartidas a que creas en ti y que sepas que tú puedes lograrlo.

Ahora bien, cuando se te presenten imprevistos u obstáculos, asúmelos como grandes aprendizajes e inicia de nuevo, comprende que las dificultades son oportunidades para que suceda lo que quieres. Reinvéntate las veces que consideres necesario, ve siempre más allá de tus límites. Sé resiliente y continúa… encuentra la utilidad al aprendizaje alcanzado. ¡Todo cambia y nada dura para siempre!, reacciona con gratitud e incorpora la práctica de la paciencia y la tolerancia.

Asume la autorresponsabilidad con madurez. Evita al máximo el temperamento irascible o hipersensible, el hábito de procrastinar y la precipitación para el logro de resultados rápidos.

Identifica tu esencia, confía en ti, comprométete con lo que es importante para ti, sé creativo, acepta el cambio, enfócate en tus metas, establece acciones decisivas, valora las oportunidades, cuida de ti mismo y fluye… **Haz que suceda y nunca pierdas la esperanza.**

Finalmente, **deseo enfatizar en la importancia y utilización de las veinticuatro horas del día**. En mi caso, he logrado ocho horas para los compromisos laborales, ocho horas para la familia y pasiones personales y ocho horas sagradas para mi sueño, sueño de calidad y descanso reconfortante.

Ahora te corresponde a ti, ve por ello.

Gracias, gracias, gracias. Mi alma brilla con un fuerte color dorado que se expande al universo; **gracias por permitirme guiarte y ser tu coequipera de viaje en el proceso**.

Hoy celebro el escribir como coautora *best seller* este texto, sé que te abrirá horizontes, que irás más allá, adelante.

Un abrazo de luz.

BIOGRAFÍA DE ROSA AMPARO RUIZ SARAY

Rosa Amparo Ruiz Saray es doctora en Educación, autora *best seller* internacional, investigadora, conferenciante, *coach* de salud y mentora de empoderamiento de energía vital. A través de sus programas, cursos, talleres, círculos y mentorías, te guía, ayuda y apoya en la gestión de tu energía vital para que dispongas de ella en excelencia, en todas las áreas de tu vida.

Rosa Amparo sabe que su mente y su cuerpo funcionan perfectamente, porque vibra en amor incondicional y proyecta alta calidad humana. Su mayor aprendizaje con su experiencia de enfermedad fue disfrutar del milagro de estar viva y vivir en plenitud.

Eligió formarse en el campo de la educación. Además de ser doctora en Educación, es magíster en Administración y Supervisión Educativa, especialista en Docencia Universitaria, licenciada en Pedagogía Reeducativa y Técnica Laboral en Inglés sistematizado, entre otros.

Además, cuenta con un doctorado honorífico en Filosofía de la Educación Iberoamericana y una maestría honorífica en Gestión Pedagógica de Iberoamérica.

Ha participado como conferencista en eventos nacionales e internacionales. Asimismo, se formó como *coach* de salud y mentora certificada de Empoderamiento de Mujeres en el campo de la salud y el bienestar holístico.

Ha aportado en la formación y transformación de millones de seres humanos. Es experta en energía vital. Le encanta el color dorado y el verde esmeralda.

Es la creadora líder del Gran Congreso Online Aprende a Gestionar tu Estrés y Ansiedad y de diferentes programas de superación. Puedes encontrar más información sobre la coautora y acceder a todos sus recursos en su web: viveconsaludybienestarholistico.com, o seguirla en sus redes sociales.

Quebrando Barreras Vol. 5
EL PODER ESTÁ EN EL COMPROMISO

«Coge las alas de tu propia vida y vuela hasta el infinito; agradece con intensidad y revisa qué tan lejos has llegado».

Dra. Rosa Amparo Ruiz Saray
Rosa Amparo Ruiz Saray
dra.rosaamparoruizsaray
Dra. Rosa Amparo Ruiz Saray
www.viveconsaludybienestarholistico.com

Coautora
Rosa Amparo
Ruiz Saray

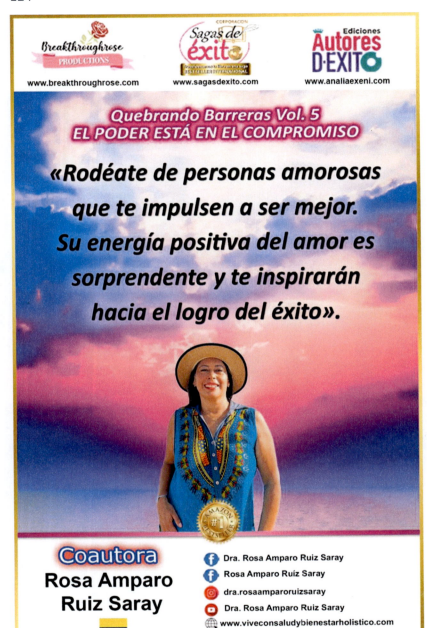

7

EMMA JOHANA RUIZ LÓPEZ
De Colombia

TÚ TIENES EL PODER PARA LLEGAR AL ÉXITO

Para empezar este capítulo, me gustaría que antes hicieras una reflexión acerca de tu vida. Mi intención es que te enfoques en el aquí y en el ahora, dejando a un lado tus angustias y preocupaciones. Quiero que recuerdes que tú eres el dueño, la dueña de tus emociones y pensamientos; solo tú eliges cómo te sientes y qué piensas. **Disfruta de la maravillosa luz que tienes, esa luz que abunda en tu ser transmitiendo amor a donde te diriges.** Quisiera que respondieras estas preguntas y, una vez que las hayas contestado, prepárate para recibir tu máximo poder para brillar.

¿Cuáles son tus sueños?

¿Cuáles son las prioridades en tu vida?

¿Cómo podemos ayudar a crecer a las personas que nos rodean?

¿Cuáles son tus inseguridades y miedos?

¿Cuáles son tus metas de vida?

¿Qué puedes hacer para transformar de forma positiva tu vida?

A mi corta edad, he tenido la fortuna de reflexionar y comprender cómo **el compromiso es una actitud y una acción que demuestra la firme voluntad de llevarnos al éxito**. Cuando un sujeto está comprometido, existen la motivación y la dedicación necesarias para llevar a cabo un logro o un objetivo. En este sentido, el compromiso es la herramienta clave para alcanzar el poder, ya que aquellos que están comprometidos con sus responsabilidades tienen mayor probabilidad de mantener la perseverancia y superar los obstáculos en el camino. Sin embargo, cabe mencionar que, **para llegar a dicha meta, también hay otros factores relevantes, como lo son el conocimiento, la habilidad, la influencia, la autoridad, entre otros**.

El compromiso nos impulsa al cambio y al triunfo, pero es algo en lo que se tiene que trabajar todos los días. Es una disciplina que se va adquiriendo y, para ello, es fundamental tener claras nuestras metas, crear un plan de acción, implementar hábitos saludables en nuestra vida, aprender de nuestros errores, mantener la motivación, celebrar los logros y agradecer.

Hay algo muy importante que debemos tener en cuenta para nuestra proyección de vida, y es la fe. **La fe es uno de los instrumentos energéticos que nos permiten alcanzar maravillas, porque, si lo crees, lo creas.** Tu mente es tan poderosa que se enfoca en reconocer y atraer lo positivo. A la luz de la consideración anterior, la fe es nuestro mejor aliado, la fuerza motivadora y la luz de esperanza para llegar al éxito.

Por otro lado, es indispensable agradecer. Sí, justamente, **agradecerle al universo por el milagro de la vida y lo que nos sucede todos los días**. Es esencial y único sentir la conexión con la divinidad; créanme que, desde el día que lo empiecen a hacer, la vida de ustedes cambiará de forma grata, la energía que los rodea florecerá y les permitirá estar bien y disfrutar de todas las áreas de sus vidas en excelencia.

Otro factor importante es creer en nosotros. **Cuando creemos en nuestras habilidades, capacidades y virtudes, somos más propensos a tomar decisiones positivas, asumir riesgos y enfrentarlos de manera efectiva.** Esto se debe a que nuestra inteligencia emocional nos hace sentir seguros, motivados, y con ello, aumenta la resiliencia, que nos lleva a alcanzar nuestros objetivos a largo plazo.

Desde mi perspectiva, una de las claves para llegar al éxito está en el compromiso, y el compromiso es con nosotros mismos. Para ello, es primordial buscar nuestra felicidad, porque, cuando eres feliz con lo que haces, ya empiezas a andar por el camino correcto. Claro está que, para alcanzar la victoria, es necesario recorrer un sendero lleno de incertidumbres, tristezas, alegrías, recuerdos, entre otros, pero al final, cuando llegues, encontrarás una luz de plenitud con tu ser.

Es importante conectar con lo que te apasiona hacer. Imagina ver resplandecer tu alma cuando se encuentre con lo que te satisface realizar. No te podría explicar esa sensación y esa emoción, porque tú mismo serás el encargado de percibirlas y describirlas. En ese momento, mirarás al horizonte y contemplarás el reflejo de tu futuro llegando a la cima de la montaña, recibiendo el trofeo, rodeado de los seres que amas.

El compromiso es el puente que nos conduce al futuro; tú tienes el control del timón, tú eres el encargado, tú tienes la visión del panorama, así que tu misión es hacer tus objetivos realidad.

La motivación es como una montaña rusa; hay días en los que te despiertas y tu cuerpo-mente se siente recargado de energía, es ese momento cuando cae una lluvia de ideas, aportes valiosos, y consideras que tu vida está alineada. Sin embargo, hay tiempos en el que experimentas un vacío, piensas que tu vida no tiene rumbo, que la vela del barco tiene un profundo hueco.

Para transformar tu vida, es importante manifestar tus deseos en metas. Por ello, te aconsejo estos cuatro pasos para planificar tus objetivos:

1. Define tus metas, lo que anhelas lograr, la responsabilidad y dirección que le quieres dar a tu vida.

2. Planifica tus objetivos, recuerda, tienen que ser concretos y medibles. Para ello, haz un

calendario de tres meses estableciendo tiempos ce trabajo y qué vas a hacer para cumplir con tus objetivos.

3. Entrena tu motivación y disciplina, para que te lleven a la acción. Muchos días no vas a tener la misma motivación, pero, con el hábito de la disciplina, avanzarás para llegar a lo que desees.

4. Recompénsate por los pequeños logros y disfruta del proceso aprendiendo de los errores. Recuerda, nunca terminamos de aprender, así que no te castigues y siéntete orgulloso y seguro del camino que vas recorriendo. Aprende a confiar en el tiempo.

Es necesario reca'car que **organizar el tiempo es fundamental para lograr una vida más productiva y equilibrada**. El tiempo es un recurso limitado y valioso, es la estrella con más brillo y no podemos dejar que se apague, sino que tenemos que hacer todo lo que esté a nuestro alcance para darle más luz. El tiempo es una herramienta fundamental, la cual tenemos que aprovechar al máximo. También es importante recordar que la organización no se trata de hacer más cosas en menos tiempo, sino de hacer las cosas correctas en el tiempo adecuado. Por lo tanto, **es importante establecer objetivos y asegurarse de que se están dedicando suficientes horas de trabajo a cada actividad**.

Despido este capítulo con una hermosa frase: «Hay dos formas de ver la vida: una es creer que no existen los milagros, la otra es creer que todo es un milagro» (Albert Einstein).

Mi invitación es que ames cada segundo la vida que tienes. Confía en todo lo que ella tiene preparado para ti, ya es tuyo, **lo único que tienes que hacer es tener compromiso, y el universo te mostrará la luz del camino**.

Tengo el poder de tomar decisiones y elegir lo que deseo en mi vida, y sé que puedo lograr todo lo que anhelo. Soy una persona valiente y exitosa, merezco todas las cosas buenas del universo y tengo la preparación para recibirlas. Abro las puertas.

Creo en la magia de mi corazón, me permito recibir la abundancia infinita y liberarme de todo aquello que no es saludable para mí: situaciones, personas o cosas. Fortalezco cada minuto mi amor propio, respiro sabiduría y observo el mundo con ojos de afecto y gratitud. Creo en lo que soy, soy lo que creo.

Yo quiero, yo acepto, yo decreto y agradezco el bienestar y la prosperidad en mi vida. Recibo amor, armonía y gratitud. Así es, hecho está.

Recuerda: te mereces una vida donde seas tú quien elige, donde tengas el privilegio de despertar cada mañana sabiendo que amas la vida que estás construyendo y que impactas de forma positiva al mundo.

BIOGRAFÍA DE EMMA JOHANA RUIZ LÓPEZ

Emma Johana Ruiz López tiene veintidós años. Es comunicadora social, periodista y es especialista en publicidad digital. Le apasiona el *marketing* digital, la comunicación organizacional y el pensamiento estratégico. Le encanta la investigación, escribir y pensar en estrategias de comunicación para que una empresa crezca de forma potencial. Ama cantar, viajar y disfrutar de un buen vino.

Es cofundadora de la escuela de Bienestar Holístico Rarsy, Reconecta Amorosa y Responsablemente con tu Ser-Salud. Ama aportar excelencia a la humanidad, vibrar y transmitir amor incondicional.

Uno de sus sueños es viajar por casi todo el mundo. Le fascina la experiencia de conectar con diferentes culturas: deleitar su paladar con la gastronomía de diferentes países y contemplar la puesta de sol desde distintos lugares.

Su color favorito es el blanco, le inspira pureza, creatividad y bondad.

Ama conectar con la naturaleza y contemplar la divinidad del universo.

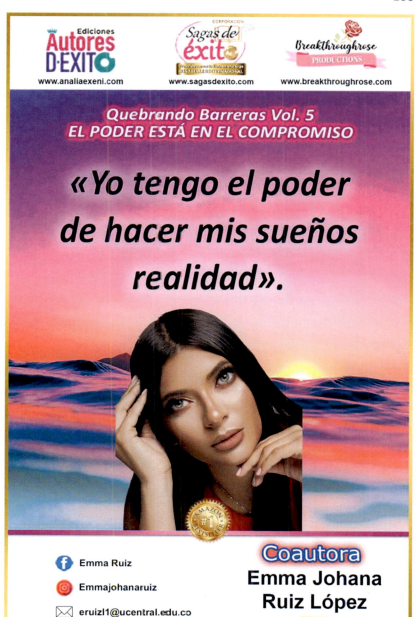

8

ESTHER ROJAS
De Perú y Canadá

EL DOLOR NO LO PUEDES EVITAR, PERO SÍ EL SUFRIMIENTO

Mi nombre es Esther Rojas. Nací el 22 de abril de 1960, en Áncash, Perú. Tengo siete hermanos varones, yo soy la única hija mujer. En total somos diez hermanos, pero dos de ellos fallecieron. Además, tengo dos hijos, Jimmy y Bridget, y un nieto llamado Joshua.

Nací en la provincia de Áncash. Crecí con mis abuelos, rodeada de mucha naturaleza y distintos tipos de animales. Gracias a ellos es que me encanta la naturaleza.

A mis diez años pasó algo increíble, tuve una experiencia muy hermosa. Hubo un terremoto que destruyó muchas ciudades y, mientras todo eso pasaba, **mis ojos vieron en el cielo un cuadro del corazón de Jesús**. Decidí guardarlo en mi corazón como si se tratara de un sueño, porque nadie me creía cuando lo contaba.

Con mi primer sueldo, a los diecisiete años, compré mi Biblia, la cual llevo conmigo siempre. Dios nunca me ha fallado. Siempre ha estado conmigo en mis peores momentos, cuidándome a lo largo de mi vida.

A mis veintiún años conocí al padre de mis hijos y a los veintiséis tuve a mi primer bebé. **Mi marido viajaba mucho por su trabajo, por lo que yo me quedaba sola criando al pequeño; a pesar de esto, pude salir adelante.**

En el año 1991 él viajó a Canadá. Luego de un tiempo, hizo los papeles necesarios y me llevó con él. Cuando estaba viajando a Canadá, pensé que por fin todo iba a ser maravilloso e iba a poder estar con mi marido. Sin embargo, cuando llegué me recibió una sorpresa que cambió todo mi panorama: **descubrí que él tenía otra mujer y, además, como no nos habíamos cuidado, yo estaba embarazada nuevamente**.

Los siguientes seis meses estuvieron llenos de sufrimiento y dolor porque todos mis planes se habían derrumbado. Yo no esperaba nada de esto, no podía ni imaginármelo, pero así es la vida.

Ya con mi hija en camino, comencé a trabajar. **Mi plan era juntar dinero para volver con mis hijos a Perú; en Canadá no tenía a nadie, tampoco sabía hablar inglés, no tenía nada.** Una vez que ya había tomado la decisión, fui a comentarle al padre de mis hijos sobre ella. Él me pidió que no me llevara a Jimmy, y me dijo que yo podía regresar cuando quisiera. Decidí hacerle caso y dejar a mi hijo con él.

Una noche recibí una llamada; me sorprendí al escuchar que era la nueva pareja de mi exesposo.

Ella me dijo que no importaba si regresaba vencida, pero que no dejara a mi hijo allí y que me lo llevara conmigo. En ese momento fue cuando Dios iluminó mi mente para decir que no. Ya no iba a regresar. **Me iba a quedar en ese país totalmente desconocido para mí e íbamos a salir adelante**, sin importar que yo no supiera nada del idioma. Finalmente, mi hija nació en el año 1994.

A los tres años, el Gobierno me mandó una carta en la que me preguntaban si me gustaría estudiar algo. A pesar de que no hablaba el idioma, **me ofrecieron la posibilidad de realizar un curso de diez meses sobre soldadura**. Como no había uno de sastrería, la actividad que a mí realmente me gustaba, y este era lo más cercano, dije que sí. Si realmente quería salir adelante por mis hijos, no podía negarme ante esta gran oportunidad. Cuando fui a anotarme para comenzar con el curso, vi que uno de los profesores era de Ecuador, me tranquilicé inmediatamente al darme cuenta de que con él sí iba a poder hablar en castellano. El Gobierno me dio un cheque de veinticinco mil dólares para poder estudiar, pagar mi renta, moverme dentro de la ciudad y cubrir los gastos básicos de mis hijos.

En mi primer día me quemé todo el brazo izquierdo encendiendo unas antorchas. Ya estaba pensando en que esto no era para mí, pero al llegar a mi casa lo curé y me dormí rápidamente. Me desperté a la medianoche y me convencí de que una quemadura no iba a hacer que renunciara, eso no iba a detenerme. Al otro día regresé al colegio.

Comencé a estudiar mucho, no se me hacía tan difícil entender ya que mi profesor era ecuatoriano. Sin embargo, a los ocho días, él tuvo un accidente y dejó de ir, y yo tuve que quedarme con un profesor japonés.

Nunca dejé de estudiar, me desvelaba todas las noches. Leía el material en inglés y lo traducía al castellano para así poder entenderlo y seguir estudiando. Di mis exámenes; en uno de ellos tenía que soldar una pieza y luego pasarla a una máquina expendedora; lograbas pasar si no se quebraba. **El curso duraba unos diez meses, pero yo lo terminé en cinco.** Salí con un certificado sobre conocimientos de acero inoxidable y aluminio y con otro certificado de lectura de planos. Todo fue maravilloso.

Para los diez meses en los que yo iba a estar terminando mi curso, ya había conseguido un trabajo en una empresa canadiense. Y había llegado el momento en el que tenía que devolver el dinero prestado por el Gobierno. Un día me llamaron para informarme que **el mismo Gobierno había decidido que, por haber terminado el curso con honores y en muy poco tiempo, ellos me iban a regalar lo que debía reintegrar**.

Doy gracias a Dios y a la vida por todo lo que me salió bien en este país. Me separé y perdí al padre de mis hijos, pero me puse objetivos y conseguí un título, algo que, de haber seguido con él, no hubiese conseguido nunca.

Uno puede alcanzar sus metas por más fracasos que tenga; cada fracaso te hace más fuerte. Si sigues para adelante, conseguirás todo lo que te propongas en la vida. Por ello, digo que **la vida es hermosa, y lo es mucho más si Dios está contigo dándote fuerza**. Todo es posible. Ahora, a mis sesenta y dos años, sigo acá de pie.

Luego de diez años de estar sola, me volví a casar con un hombre de México. Estuvimos juntos por catorce años. Formamos una empresa de limpieza, con ella ganábamos mucho dinero, pero de nada servía, yo vivía en una jaula de oro. Tenía todo, pero no era feliz. **Mi mundo se fue abajo cuando comenzó a maltratarme**; él me decía que no valía, que no sería nadie en la vida y que sin él jamás lograría nada. Le agradezco a la vida porque, más allá de mi dolor, logré cosas maravillosas, como, por ejemplo, criar a mi hijo del alma, un niño que ahora se ha convertido en un hombre maravilloso.

Como les decía, mi esposo era una persona muy controladora, pero no solo conmigo, sino que con mis hijos también. Poco a poco fue alejándome de mis amistades. Yo trabajaba mucho en nuestra empresa, mi vida se había convertido en trabajar, comer, dormir y volver a trabajar.

Estuve con él catorce años de mi vida, hasta que encontré el valor para cambiar mi destino. Me separé en el año 2018 y, para el año siguiente, ya estábamos divorciados. Era hora de comenzar de cero a mis cincuenta y ocho años. Fue muy duro, mas no tuve miedo, Dios siempre estuvo conmigo para levantarme. Fueron días de aprendizaje, fueron dos años de mucha lucha. Tuve que pasar por un tratamiento psiquiátrico, hubo muchos ángeles que me ayudaron. Me caí muchas veces, pero de cada caída me levantaba más y más fuerte. **Conseguí muchas cosas, como crecer, amarme, valorarme y, sobre todo, respetarme.** Después de dos años volví a trabajar y pude comprarme mi carro.

Canadá me abrió muchas puertas, siempre estaré agradecida con este país por mi superación. Nunca es tarde para empezar, solo hay que tener mucha fe en Dios. Él me da todo en esta vida, es lo más importante.

Hoy en día me encuentro con descanso médico porque tuve un accidente de carro. Espero poder recuperarme pronto y seguir luchando para poder alcanzar más metas. **La vida no es fácil para una mujer sola, pero Dios te da la fortaleza para seguir adelante y obtener cada vez más oportunidades.** Mientras haya vida, todo se puede. Dios me dice cada día que siga delante y que logre mis sueños, es por eso que ahora puedo escribir un poco de mi vida en este libro maravilloso. Estoy agradecida con Sagas de Éxito® y con sus fundadoras, Rosemarie Sánchez y Analía Exeni, por haberme dado la oportunidad de formar parte. Y gracias, Dios mío, por nunca abandonarme.

BIOGRAFÍA DE ESTHER ROJAS

Esther Rojas nació el 22 de abril de 1960, en Áncash (Perú). Creció con sus abuelos, rodeada de mucha naturaleza y distintos tipos de animales. En la actualidad, reside en Canadá. Tiene siete hermanos varones. Además, tiene dos hijos, Jimmy y Brigitte, y un nieto llamado Joshua.

En Canadá, sin casi saber el idioma, obtuvo un certificado sobre conocimientos de acero inoxidable y aluminio y otro de lectura de planos. También logró formar una empresa de limpieza con su exmarido.

A los cincuenta y ocho años, luego de su divorcio, debió comenzar de cero, y ya ha vuelto a trabajar y pudo salir adelante.

9

XIMENA TRONCOSO GARCÍA
De Chile

COMPROMETIDA CON MI ESENCIA DE MUJER

Ser mujer es una bendición de Dios; somos una creación divina, hecha a su imagen y semejanza, lo que implica que tenemos muchas habilidades que nos hacen ser maravillosas en toda nuestra esencia. A algunas habilidades las hemos ido descubriendo a lo largo de nuestras vidas y **a otras las podemos desarrollar a través de nuestro autodescubrimiento, de adentrarnos en nuestro interior para encontrar las grandezas que se alojan en nuestra alma y en nuestro corazón**.

Soy mujer y agradezco a mi linaje materno; a mi madre, que me tuvo en su vientre durante nueve meses para brindarme la vida; a mi abuela, que trajo a la vida a mi madre; a mi bisabuela, que trajo a la vida a mi abuela, y así sucesivamente, generación tras generación.

Nací y crecí junto a mis padres y mis dos hermanos; soy la hija del medio, la segunda de tres hermanos. Compartimos diversas vivencias y las formas de ser de cada uno y, en conjunto, sumamos lo que es ser una familia, con alegrías y tristezas, tal cual es la vida, cíclica, como una espiral. **Esto nos lleva al crecimiento como seres humanos, a forjarnos en nuestras culturas, en nuestras sociedades**; recibiendo las enseñanzas que nos brindan, primero, nuestros padres, y luego, el sistema educacional y todo lo que rodea nuestro entorno.

Mis padres, desde muy pequeña, me inculcaron el poder del compromiso, de la responsabilidad, de cumplir con cada tarea asignada en nuestro hogar y en los estudios. **Y me comprometí con aquella meta inicial de llegar a la universidad**, estudiar una carrera, titularme para desempeñarme en el mundo laboral, acorde a todo mi aprendizaje. Es así como crecí con el compromiso conmigo misma de ser una buena hija, buena alumna, buena amiga, buena hermana; esforzándome cada día por estudiar, para lograr una buena nota, para llevar siempre mis tareas al día y para tener un buen comportamiento en el colegio. Por ende, **todo ese esfuerzo constante tuvo buenos resultados gracias al poder del compromiso**.

Sin embargo, había instancias en las que tenía temores e incertidumbres, por creer que tal vez no cumpliría con algún compromiso mayor, como, por ejemplo, lograr un buen resultado en la prueba para ingresar a la universidad, requisito obligatorio en nuestro país para obtener una vacante universitaria.

Fue uno de mis mayores retos, me generó muchas noches de desvelo, en las que estudiaba para obtener un buen resultado. Sentía que, debido a mi gran espíritu de responsabilidad, debía cumplir con mis padres e ingresar a la universidad, lo que **me generaba una sobreexigencia para alcanzar dicho objetivo**. Sentía que no podía fallar, no me lo permitía, por lo que tripliqué mis esfuerzos día tras día, estudio tras estudio.

Hasta que llegó el gran día. Mi corazón saltaba de nervios. Tenía solo diecisiete años y esta gran responsabilidad sobre mis hombros; era el momento crucial de rendir la prueba. Lo que más le pedí a Dios, en ese momento, fue lograr un buen resultado para ingresar de inmediato a la universidad y concentración al momento de rendir la prueba. No tenía cabida en mi mente el tener que perder un año si me iba mal y volver a prepararme durante un año más si no lograba ingresar en ese momento.

Llegué al lugar donde tenía que rendir la prueba con las piernas tiritando por los nervios, que invadían todo mi ser. A pesar de ello, logré la concentración necesaria para llevarla a cabo. Luego, venía la larga espera hasta la publicación de los resultados, días eternos que me generaron ansiedad. Hasta que, por fin y gracias a Dios, **vi los buenos resultados obtenidos y logré la gran meta de ingresar a la universidad**.

Una vez iniciados mis estudios universitarios, continuaba con ese compromiso ya arraigado en mi esencia: **obtener buenos resultados para titularme**. Y, nuevamente, se repitió la historia de las noches de desvelos por mis estudios, por lo que, esfuerzo tras esfuerzo, fui logrando avanzar año a año, hasta culminar con mucho orgullo mis estudios universitarios. **Fui la primera mujer titulada de dicha carrera**, en la que prevalecía el género masculino, ya que solo ingresamos veinte mujeres de entre cien alumnos. Además, tuve el gran honor de ser no solo la primera mujer, sino también **la primera titulada entre hombres y mujeres de dicha carrera**, al ser el primer año en que se impartió la carrera de Ingeniería en Construcción en mi ciudad natal.

Pero esto no termina aquí, la vida sigue. Había culminado otra gran etapa de mi vida, y debí adentrarme en el mundo laboral, dejar atrás a la niña y adolescente estudiante para comenzar a llevar a la práctica todo lo aprendido. Sobre todas las cosas, respetar el compromiso de cumplir con los horarios laborales, con las funciones asignadas y con todo aquello que conlleva el mundo laboral; y asumí responsabilidades ya como una persona adulta. Y dejé de ser dependiente de mis padres a ser dependiente de un trabajo que me generase recursos para subsistir, para tener un lugar donde vivir, comida, vestuario y algunos extras, por supuesto.

Y, después de todo este andar por la vida, cumpliendo cada compromiso adquirido, esforzándome por ser la mejor profesional, la mejor hija, mamá, esposa, **Dios iluminó mi alma y mi corazón, y llegó mi despertar a la conciencia**. Me detuve un poco en esta vorágine del día a día que me consumía sin saber hacia dónde iba y me pregunté: ¿qué es lo que quiero en la vida? **¿Quién soy y a qué vine a este mundo?** ¿Será que solo a cumplir a los demás, a ver cómo pasa la vida por mi lado sin un propósito, sin un para qué? Puse pausa a mi vida para redescubrirme, para reanalizar en dónde aflora mi esencia de mujer, mi yo, mi propósito y mis pasiones. Y es ahí donde me pregunto: ¿será que el compromiso es con los demás? Pues fue entonces, **después de redescubrirme, cuando encontré la llave mágica en mi corazón y entendí que el compromiso parte de mí**, de comprometer mi propia vida, mi esencia y todo aquello por lo cual Dios me trajo al mundo para servir. Fue entonces cuando descubrí que estoy comprometida con mi persona, con mi esencia de mujer.

El valor y amor hacia uno mismo es la clave para ver la vida cada día como un arcoíris de múltiples colores. El compromiso parte de mí, parte de ti, está en tu esencia, en tu ser. Debes comprometerte, en cada momento, en cada instancia y en cada ocasión, con ser cada día la mejor versión de ti; con cumplir tus sueños, alcanzar tus metas, disfrutar la vida siempre, gozar de la magia del proceso. Debes comprometerte a ser feliz por ti mismo cada día y a que cada cosa que realices la hagas con amor y desde el corazón.

¡Es ahí donde está la esencia de tu ser! ¡La esencia del compromiso es para contigo mismo!

El compromiso está en ti y es la base de la disciplina; es la base para tomar acción a fin de que el éxito reine en tu vida en cada instante de ella.

BIOGRAFÍA DE XIMENA TRONCOSO GARCÍA

Ximena Esther Troncoso García nació en 1976 al sur de Chile (uno de los países australes de América del Sur), en la ciudad de Talca, distante unos 250 km de Santiago de Chile, la capital del país. Actualmente reside en la ciudad de Santiago de Chile. Es la hija del medio de una familia de clase media trabajadora, y tiene dos hermanos.

Estudió en el colegio María Auxiliadora. A temprana edad tuvo cursos de piano y pintura. Sus padres trabajaron toda su vida como funcionarios públicos, rol que la misma autora desarrolló por alrededor de veinte años, tras titularse como la primera mujer y mejor calificada de la carrera de Ingeniería en Construcción en la Universidad Católica del Maule. Posteriormente, cursó la carrera de Prevención de Riesgos Laborales, lo que le dio un nuevo perfil a su desempeño laboral, dentro del trabajo vinculado al Estado, dando una gran valía a la persona trabajadora. Luego, perfeccionó su lado ingenieril estudiando Ingeniería Civil Industrial, en la Universidad Autónoma de Chile, siempre en su ciudad natal, Talca.

Desde hace más de cuatro años se dedica a negocios de multinivel, y ha logrado alcanzar un gran desarrollo profesional y personal, puesto que descubrió que es una forma en que puede crecer mucho más como persona y empresaria. Por ello, este fue el inicio de su preparación desde el punto de vista del liderazgo femenino, porque posibilitó su participación en la Cámara Internacional de Conferencistas. El año pasado asumió el cargo de presidenta del capítulo Chile y de mentora internacional para la Certificación de Damas Internacionales y para la Certificación Speaker Leader.

Es *coach* en programación neurolingüística y conferencista; se destaca por su rápido ascenso y por la versatilidad de disciplinas del conocimiento humano aplicado.

Ximena Esther es madre de dos niñas en edad escolar y esposa. En la actualidad, se desempeña, además, como empresaria e inversionista inmobiliaria.

Es coautora del libro *Universo de abundancia Vol. 2: El poder del amor*, que fue *best seller* en Canadá, Estados Unidos, México y España.

10

GABY DOMÍNGUEZ
De México

SUEÑOS Y COMPROMISOS

En algún momento de mi vida, he tenido sueños inalcanzables; sin embargo, gracias a los compromisos que hice conmigo misma y con Dios, se hicieron realidad y me llevaron hacia donde hoy estoy. **Cuando uno hace un compromiso con Dios, procura hacerlo lo mejor posible; a la vez, tú sabes que él siempre va a estar ahí por si fallas.** Es hermoso saber que siempre cuentas con él.

Hoy en día tengo tres hijos, los cuales están creciendo y ya son jóvenes. Están en una etapa de independencia muy bella. Santiago, el más grande, tiene veintiséis años. Él, gracias a Dios, ya es superindependiente; sin embargo, no lo suelto en mis oraciones. Siempre le pido al Padre que lo cuide igual que a Alexander, de diecisiete, y a Eidan, de dieciséis. Yo los sigo viendo pequeños, pero no, ellos ya están madurando, por lo que les tengo que dar más espacio. Mi mamá también se hace mayor, pero en su interior es cada vez más chica, se va volviendo más tierna y dependiente. No me atrevería a dejarla sola nunca. Siempre he estado muy agradecida con Dios por haberme dado a estos maestros, mis padres.

Eso me hace hoy tomar las riendas de mi vida al 100 %. Ya no hay a quién culpar o a quién regañar. Hoy me decido a ser responsable, lo cual es parte del poder del compromiso: **ser responsable del momento que estoy viviendo, vivir libre y dejar vivir**.

Es ahí donde me pongo a reflexionar cómo, siendo mamá muy joven, pude estudiar la carrera de Diseño de Comunicación Gráfica en la Universidad Autónoma Metropolitana. **Me especialicé en el área de multimedia, enfocándome en diseño digital, animación 3D y cine; eso me abrió muchas puertas.**

Tenía el compromiso de sacar adelante a mi hijo, por eso conseguí una beca que me permitió vivir con él tranquila. Mis papás me motivaron mucho siempre, gracias a eso, siempre doy lo mejor de mí en cada uno de mis trabajos.

En el 2011 tomé una especialidad en Comunicación y Medios Virtuales en la Universidad Iconos de Diseño y Desarrollo de Ecotecnologías Digitales, **lo que me permitió crear la Consultoría en Diseño Saeg Digital (www.saeg.digital)**. Allí me he especializado en todo tipo de diseño, desde la formación de la idea hasta la impresión, desde una simple tarjeta de presentación hasta un libro.

Mi interés por todo lo que es la identidad visual, la tecnología bien enfocada, el diseño y el arte empezó en el año 2013, cuando fui a un entrenamiento de desarrollo de empresas. **Hoy, parte de lo que hago es enseñar a tener ideas creativas y producirlas en medios digitales.** Ayudo a las personas a digitalizar, así como también enseño la diferencia entre diseño gráfico y diseño digital y las distintas redes sociales que existen para que cada uno pueda evaluar cuál es la ideal para sus propósitos. Otra de mis tareas es facilitar tips de cómo promover sus servicios en las redes.

Por eso creo que el poder del compromiso es una herramienta fundamental para lograr nuestras metas y alcanzar el éxito en cualquier ámbito de la vida.

En primer lugar, es importante entender qué es el compromiso. Es la dedicación y la responsabilidad que asumimos al tomar una decisión o hacer una promesa. Y lo tomamos con nosotros mismos y con los demás para llevar a cabo una tarea o alcanzar una meta.

Uno de los beneficios más significativos del compromiso es que nos ayuda a mantenernos enfocados en nuestros objetivos. Cuando nos comprometemos con algo, nos obligamos a hacer todo lo posible para lograrlo. Esto significa que estamos dispuestos a hacer sacrificios y a trabajar duro para alcanzar nuestros objetivos.

Otro beneficio del compromiso es que nos ayuda a superar los obstáculos. Cuando nos encontramos con dificultades, el compromiso nos brinda la fuerza y la motivación necesarias para seguir adelante. **Nos ayuda a no rendirnos ante los primeros obstáculos y a buscar soluciones creativas para superarlos.**

Además, el compromiso también nos ayuda a desarrollar la disciplina y la perseverancia. Cuando nos comprometemos con una tarea o una meta, nos obligamos a seguir adelante incluso cuando las cosas se ponen difíciles. **Esto nos ayuda a cultivar la disciplina y la perseverancia, dos cualidades esenciales para el éxito en cualquier ámbito de la vida.**

Te dejo algunos consejos que pueden ayudarte para enfocarte en el poder del compromiso.

1. Define tus metas con claridad. Para comprometerte con algo, es necesario que sepas exactamente lo que quieres lograr. Define tus metas de manera clara y específica, y asegúrate de que sean alcanzables.

2. Haz un plan de acción. Una vez que tienes tus metas claras, es hora de planificar cómo las vas a alcanzar. Haz un plan de acción con pasos concretos que te ayuden a avanzar hacia tus objetivos.

3. Comprométete con tu plan. Una vez que tienes un plan, es momento de comprometerte con él. Haz una promesa contigo mismo, con tu poder superior (Dios)

y con los demás de que harás todo lo posible para llevar a cabo tu plan. Esto te motivará a seguir adelante, incluso cuando las cosas se pongan difíciles.

4. <u>Mantén la disciplina y la perseverancia.</u> El compromiso requiere disciplina y perseverancia. Mantén el enfoque en tus metas y trabaja duro para alcanzarlas. Si te rindes ante el primer obstáculo, nunca podrás llegar a donde quieres.

5. <u>Celebra tus logros.</u> A medida que vayas avanzando hacia tus metas, celebra tus logros. Reconoce el trabajo duro que has hecho y date un momento para disfrutar del éxito que has alcanzado. Esto te motivará a seguir adelante y a comprometerte con nuevos objetivos.

En resumen, el poder del compromiso es una herramienta fundamental para alcanzar el éxito en cualquier ámbito de la vida. Nos ayuda a mantenernos enfocados en nuestras metas, a superar los obstáculos y a desarrollar la disciplina y la perseverancia necesarias para lograr el éxito. **Si te comprometes con tus metas y trabajas duro para alcanzarlas, podrás lograr todo lo que te propongas.**

El compromiso implica dedicación, perseverancia y determinación para alcanzar nuestras metas y objetivos incluso en momentos difíciles o desafiantes. Con compromiso, podemos superar cualquier obstáculo y alcanzar nuestros sueños.

Un ejemplo de compromiso puede ser encontrado en el deporte. Cuando un atleta se compromete en su deporte favorito, invierte una gran cantidad de tiempo, talento y esfuerzo en la preparación de su cuerpo y mente para competir. Otro ejemplo se puede observar en el ámbito empresarial. Cuando un emprendedor se compromete con su negocio, debe dedicar tiempo y recursos para asegurarse de que su proyecto tenga éxito. Por ejemplo, Steve Jobs, cofundador de Apple, se comprometió personalmente en el diseño de productos innovadores y en la expansión del mercado de tecnología y electrónica. Si no hubiera sido por su compromiso y dedicación, Apple no habría alcanzado el éxito que tiene hoy en día.

En conclusión, el compromiso implica una inversión personal total en cualquier proyecto o actividad en la que nos involucremos. **Si queremos alcanzar el éxito, es importante mantener el compromiso fuerte y constante, a pesar de los obstáculos y dificultades que puedan surgir en el camino.** Con el compromiso, se pueden lograr grandes cosas y alcanzar nuestros objetivos más ambiciosos.

BIOGRAFÍA DE GABY DOMÍNGUEZ

Gaby Domínguez Reséndiz nació el 28 de enero de 1977 en la Ciudad de México. Es madre de tres hijos varones, los cuales son una bendición en su vida. Es una mujer con un espíritu emprendedor y creativo. Está enfocada en el diseño digital, el diseño web y la experiencia de usuario (UX). Ha trabajado en numerosos proyectos para clientes en diversos sectores.

Es una eterna amante de los viajes. Sus padres le enseñaron a viajar, a interesarse por aprender de la cultura, la gastronomía y el arte de cada lugar al que vaya y a valorar cada espacio, pueblo o región.

Para conocer el mundo de Gaby Domínguez, ingresa a las siguientes páginas web:

https://gabydigital.com

https://shoplinks.to/Gabydigital

11

MARÍA ALONSO MARTÍN
De España

MALA MUJER

Mala mujer es una etiqueta que se pone a muchas mujeres, como si fuera una letra escarlata grabada en su pecho.

Mala mujer tiene tanta carga emocional que, si la pronuncias en alto, sin la ira y el rencor que lleva dentro, automáticamente bajamos la vista o miramos en otra dirección.

Mala mujer, una expresión tan fuerte que casi no nos atrevemos a usar, y por eso la disfrazamos con otras palabras o confrontamos a la persona en positivo.

Mala mujer es una máscara que algunas mujeres se ponen para poder soportar el dolor de la exigencia y el rechazo.

Mala mujer es el calificativo que recibe una mujer que defiende sus ideas.

Mala mujer es aquella que tiene la osadía de pensar por sí misma y se lo hace saber a los demás abiertamente.

Mala mujer es una forma de rebeldía contra todos los patrones que se quieren imponer a las mujeres libres.

Mala mujer es un veneno que mata el alma de nuestras hijas y ahoga su esencia para que sean dóciles y sumisas.

Mala mujer es un yugo que inconscientemente nosotras nos ponemos por miedo o cobardía, para no sufrir.

Mala mujer es el calificativo que ninguna mujer, en el fondo de nuestro corazón, queremos tener.

Esta es la barrera que yo deseo quebrar en el mundo. Sé que es una expectativa que puede parecer inalcanzable, pero presta atención y súmate al compromiso de no permitir que a nadie se le considere así.

Analicemos el significado de malo/mala según la Real Academia de la Lengua: «De valor negativo, falto de las cualidades que cabe atribuirle por su naturaleza, función o destino». También lo define como aquello «que se opone a la lógica o la moral», o que es «de mala vida y comportamiento».

Dicho esto, algo o alguien es malo o bueno en función de la comparación realizada con unos patrones que se supone que son «los buenos». ¿Quién define eso? Hermana, hermano, lo definimos todos y ninguno de nosotros; todos con nuestros hechos y nuestro silencio, y ninguno porque nadie levanta su voz para definirlos con claridad.

Cada vez que hacemos o permitimos la comparación sobre mala y buena hija, mala y buena estudiante, mala y buena adolescente, mala y buena pareja, mala y buena madre, mala y buena abuela... estamos dando alas a la etiqueta de mala mujer. Cuando comparamos, no dejamos espacio para el término medio, lo eres o no lo eres. **No hay espacio para ser única, maravillosa e irrepetible, como ciertamente es cada mujer, cada uno de los seres humanos.**

Cada vez que callamos o comparamos, nos convertimos en jueces y verdugos de las cualidades que se supone que debe tener una mujer en todas sus etapas. Una mera interpretación, que cambia con la cultura y con el tiempo, pero que daña el alma de quien la escucha o a quien se le atribuye.

¿Dónde comienza esta arbitrariedad? Surge del amor, todo surge de las expectativas que nuestra familia tiene de nosotros incluso antes de nacer. En el fondo más profundo de nuestro corazón, queremos tener una hija que sea feliz y, para ello, pensamos que, siendo educada, bonita, con buenas notas, admirada por todos, lo será, pero tanta exigencia no es realista. **Vemos a nuestras hijas con los ojos de lo que deseamos y no de lo que realmente son.** ¿Qué pasa entonces? La frustración se proyecta sobre la criatura para «reconducirla por la senda del bien», sin ser escuchada ni comprendida. Fijaos que no digo amada, porque sí es amada, y ese amor es el que lleva a la corrección con palabras, que son como cuchillos que cortan las alas de su libertad.

Expresiones como «sé buena hija», «no seas mala y hazme caso» son demoledoras, porque van directas al corazón de una niña, que se está desarrollando y que, siguiendo las necesidades básicas humanas descritas por Maslow, **busca formar parte de su familia, quiere ser aceptada, reconocida, ocupar el espacio que, por derecho, le corresponde**. Y para ello hará lo que sea preciso, hasta negar su propia identidad. Se debe destacar que no es necesario que tenga que ser un comentario, muchas veces una mirada tiene más poder que mil palabras.

Tanta presión al final se transforma en miedo: el miedo de no ser suficientemente buena, el miedo a qué dirán, el miedo de no ser aceptada, el miedo a hacer, el miedo a no hacer y, al final, el miedo se convierte en un agujero negro por el que se escapa la vida.

Todo ello nos lleva a perder nuestra autenticidad por una expectativa basada en unos patrones cambiantes y un deseo de ser aceptadas y reconocidas. Aquello que más tememos se convierte en nuestra realidad, porque nuestro inconsciente nos guía allí. Por eso, si tememos ser rechazadas, seremos amables, voluntariosas y consideradas; si tememos el dolor y el estrés, evitaremos tomar responsabilidades; si tememos ser poco válidas, desarrollaremos el control de las situaciones, seremos organizadas, productivas, persistentes y respetuosas para evitar el ridículo y, por último, si nuestro miedo es ser insignificantes, desarrollaremos la superioridad, ser mejor que otras en todo. En cualquier caso, es una pesada carga que busca evitar la terrible calificación de mala mujer, y la perversidad es que **nunca será suficiente, hagamos lo que hagamos, el miedo es una carga pesada, que inclina la balanza en nuestra contra**.

He de decir que nunca en mi vida me han llamado mala mujer y, si lo han hecho, no lo he escuchado. No obstante, sé que, en muchas ocasiones, me han juzgado y condenado por pensar, por decir, por hacer... Y, aunque cada vez les presto menos atención a estas situaciones, no siempre fue así, y **guardo en mí cicatrices y heridas abiertas que a veces tengo que curar**.

Soy hija única, he vivido en un pueblo pequeño, a escasos metros de las casas de mis tíos paternos. Nunca me he sentido sola porque tenía siete primos mayores, que eran como mis hermanos. Yo les seguía, cual perrito faldero, demandando mi cuota de cariño y aceptación. Ayudaba en todo y a todos, con tal de ser aceptada (¿os suena de algo?). A medida que crecí, seguí demandando mi cuota de atención; poco a poco fui desarrollando una disciplina que me permitiera tener buenas notas, destacar sobre mis primos y ser mejor profesional que ellos. Esto me ha llevado a tener algunas asperezas, y a distanciarme de ellos (nuevamente, ¿os suena?). Como os decía, tenemos aquello que más tememos. Durante años he buscado la aceptación siendo mejor; ayudando más; siendo más amable, colaboradora y solidaria; desarrollando mi lógica mejor que otros y, todo ello no fue suficiente, porque **el peor de los juicios es el que nos hacemos nosotras**.

Descubrir que la primera y la única aceptación posible tiene que venir de mí cambió todo. He aprendido que vivimos al filo de la navaja, que, hagamos lo que hagamos, nunca seremos perfectas a los ojos de otros. Son tantos los aspectos por los que se nos juzga, son tantos los aspectos en los que se nos exige que es imposible cumplir con todos ellos: **hagamos lo que hagamos, siempre estaremos en el radar de alguien para ser mala mujer**. Pero esto no importa si tú, mujer, te conoces, te respetas y te amas por ser quien eres y comprendes que el resto es una opinión.

Ser mala mujer tiene mucho que ver con que no importe lo que te digan, ser mala mujer tiene mucho que ver con el coraje de vivir; por eso, **hoy invito a todas las hermanas a ser malas mujeres**. Porque ser mala mujer tiene que ver con la media, con lo establecido y, si todas somos valientes; si nos llenamos de coraje; si nos atrevemos a conectar con nuestra esencia, a decir lo que pensamos, a vivir como consideramos sin imponer nada a nadie, entonces, todas seremos libres e iguales, y mala mujer no tendrá sentido

Hoy mi llamamiento es a ti, mujer, y a ti, hombre, para ayudar a las mujeres de tu vida a que sean soberanas. Y para ello:

Comprométete contigo.

Comprométete con tu conocimiento personal.

Comprométete con tu autenticidad.

Comprométete con escuchar tu voz interior.

Comprométete con apoyar a otras personas para escuchar su voz.

Comprométete con no juzgar.

Comprométete con no permitir que delante de ti se juzgue a otra persona como buena o mala.

Comprométete con ser faro de luz para otras personas.

Comprométete con desarrollar una mirada apreciativa sobre tus hijos, tus compañeros, tus amigos, tu familia y todas las personas que te rodean, para que entre todos rompamos los estereotipos que nos impiden ver al auténtico ser humano.

Comprométete ahora y llévalo a cabo a cada instante, porque te harán soberana/soberano de tu vida, y eso es tener capacidad de acción, capacidad de decisión, y que nada ni nadie pueda perturbarte más allá de donde tú se lo permitas.

Nos vemos en «Crea tu camino al éxito profesional», donde desarrollaremos diez

senderos para convertirte en soberana o soberano de tu vida.

Tengo costumbre de cerrar mis intervenciones con un cuento; haz clic aquí https://bit.ly/Maria-Sagas para conocerme mejor y recibirlo.

BIOGRAFÍA DE MARÍA ALONSO MARTÍN

María Alonso Martín nació en Valladolid, España. Es mentora de líderes, consultora, *coach*, formadora y conferencista en el desarrollo de habilidades blandas (*soft skills*) para profesionales desde hace más de veinticinco años.

Desde la dirección de DTL Consulting y de la escuela virtual Despliega Tu Liderazgo, acompaña a sus clientes en sus procesos de transformación, tanto a nivel personal como empresarial, para descubrir aquello que les hace únicos y diferentes. Les ayuda a identificar las limitaciones para transformarlas en oportunidades sostenibles, al tiempo que recuperan su fuerza innata.

Es creadora de programas *on line* y presenciales en temas de liderazgo, *soft skills*, motivación y gestión de equipos.

Es licenciada en Ciencias Económicas y Empresariales por la Universidad de Deusto. Cuenta con un postgrado en Gestión de Calidad por la Universidad de Valladolid. Es experta en *Coaching* y Sabiduría Interior, especialista en *Coaching* de Equipos, *Coaching* Sistémico y Liderazgo. Además, es maestra en Dinámicas de Aprendizaje Acelerado y *Firewalking*.

María es presidenta de la Asociación Profesional del *Coaching* de Castilla y León, vicepresidenta de la Asociación Española de Instructores de *Firewalking* (AEIF) y embajadora y presidenta de la Delegación de España de la Organización Internacional de Conferencistas y Profesionales (OICP).

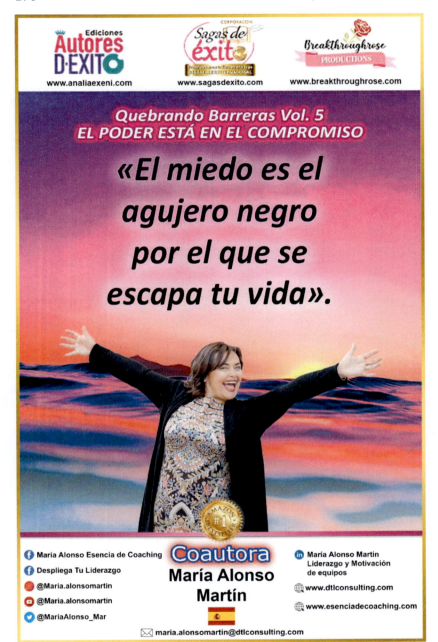

12

GEORGE ALVARADO
De Ecuador y España

EL LÍDER QUE ELIGIÓ EL UNIVERSO

Un viaje de la dulce indignación a un aparente amargo resultado

Hola, antes de nada, quiero darte las gracias multiplicadas por tres. Estás aquí dedicando tu valioso tiempo a disfrutar de este capítulo. Te adelanto algo muy especial, desde lo más profundo de mi alma: esto que te comparto fue una vivencia personal y quiero que la leas, que la escuches, que la sientas como tuya, pues, si esto llegó a tus manos, no es casualidad, es una causalidad o, como me gusta llamarle, una DIOSIDENCIA. Esta historia, vivida, gestada y protagonizada por este servidor, **te llenará de inspiración para que te pongas en acción y para que eso que deseas alcanzar, lograr o conseguir llegue a tu vida**. Tu alma ya sabe lo que deseas, tu intelecto te hace dudar, tu corazón te dice: «Lánzate, tú puedes». Y es por este motivo que estás aquí leyendo este capítulo, porque estás buscando ese último empujoncito para liderar ese proceso actualmente en tu vida.

Querido amigo/a lector/a, lee la frase que te compartiré a continuación dos veces; la primera, de manera normal y, la segunda, cerrando los ojos, llevando tus manos al corazón y conectando tu voz con la voz de tu alma:

Yo soy un sueño del universo, yo soy el propósito hecho carne y estoy ahora preparado para recibir todas las bendiciones de Dios.

Escena 1: Elegido para representar a mi colegio

Lo recuerdo como si hubiese sido ayer. Aquel joven George, allá por el 2007/2008, había sido invitado a formar parte de una delegación de estudiantes para marchar en un desfile que celebraba la ciudad. Ese día estuvo lleno de alegría, pues tan distinguida invitación no merecía menos emoción.

Escena 2: El gran día llegó

Después de varios ensayos, todo hacía pensar a George que el día del desfile, aunque emocionante, no trascendería hacia algo diferente, pero no podía estar más equivocado. El universo le estaba preparando para que, a sus cortos quince años, **gestara una de sus más grandes hazañas, la que lo marcaría de por vida**.

Escena 3: El nacimiento de la dulce indignación

Empezaba el desfile y todo parecía estar en orden; sin embargo, el joven George de inmediato se empezó a dar cuenta de que su colegio no iba a desfilar en las mismas condiciones porque, al ser fiscal, o sea, público, y estar al sur de la ciudad en una zona pobre, **no gozaba de recursos económicos y, por ende, de ciertos materiales técnicos, como sí lo hacían los representantes de otros colegios**. En menos de treinta minutos, el día pasó de ser felicidad y orgullo a desdicha e indignación, pues cada paso que daba el joven George era como un golpe a su dignidad y cada sonido que escuchaba de la banda de guerra o banda musical de los otros representantes era como un mazazo en su corazón.

Escena 4: Hablando con la indignación que vivía en su ser

El desfile inició e hizo un recorrido de casi sesenta minutos por las calles principales hasta llegar al centro de la ciudad. En este trayecto, George solo iba preguntando por qué ese colegio tenía una carroza y el de él no, por qué en aquel tocaba una banda musical y en el de él no, por qué ese otro desfilaba con uniformes y el de él no, por qué aquel último ejecutaba una coreografía de marcha y el de él no. Ya sabía la respuesta, era muy simple, pero **eso no hacía que fuera menos dolorosa, grotesca, dura y difícil de digerir para un joven de quince años que sentía a su colegio como su segundo hogar y quería que brillara ese día sin igual.**

Escena 5: La indignación tomó voz y habló

Terminó el desfile y llegaron a un parque para descansar brevemente. Ese día era festivo, no tenían clases, algunos tenían planes de volver a casa, ir a pasear; otros, de ir a divertirse en algún pub. George estaba muy revuelto emocionalmente, no sabía qué hacer. Entonces, sintió que una voz, en un tono muy bajo, le habló y le dijo: «George, soy tu indignación y te entiendo; es normal que te sientas así pues idealizaste este día de una manera, y ahora, al verlo, escucharlo y sentirlo distinto, este es el resultado».

Escena 6: Las preguntas de la maestra Indignación

El tiempo parecía discurrir distinto dentro de él; aunque solo habían pasado cinco minutos y sus compañeros charlaban de cosas superfluas, George estaba manteniendo un extendido diálogo con su yo interior. De repente, la voz, cansada de escuchar su lloriqueo, su queja y su constante negativismo, alzó la voz y, con tono rudo y desafiante, le hizo estas preguntas:

«George, ¿y ahora qué?».

«George, aparte de quejarte, ¿qué vas a hacer?».

«George, mañana en tu colegio, ¿qué vas a contar?».

Escena 7: Las respuestas del joven que no sabía que se estaba transformando en un LÍDER

George sintió que, con esas preguntas, la maestra indignación le estaba tomando el más difícil de los exámenes y, como él era un estudiante muy aplicado y, por otra parte, le encantaban los desafíos, no se dejaría vencer tan fácilmente. Buscó en lo más profundo de su alma, de su intelecto, de su corazón, de todo su ser y respondió: «Maestra Indignación, gracias por el grandioso regalo que me acabas de obsequiar. Este es, ni más ni menos, que el de **LIDERAR mi vida, y eso se traduce en SER el dueño de mi destino**.

El joven George no era consciente de la gran alegría que sentía en el corazón la maestra Indignación, pues estaba viendo delante de sí cómo un joven muchacho se estaba transformando en un LÍDER, aunque ella lo veía más como un mago que estaba aprendiendo algo de lo que, años después, sería consciente, y eso era **la capacidad**

de moldear su realidad a su gusto y antojo, bajo la influencia de sus emociones, decisiones y acciones.

Escena 8: Las primeras palabras para liderar

Aunque solo habían pasado cinco minutos de charla con la maestra Incignación, parecía una eternidad. Ella se despidió del joven George con gran alegría y este, a su vez, con mucho agradecimiento. Después, como si despertara de un trance, volvió con sus compañeros, y en aquel parque empezó su gran gesta. Se levantó del asiento y, dirigiéndose a todos los presentes, les dijo: «Chicas, chicos, ¿ustedes no han sentido que, en el desfile, nosotros éramos los únicos que no teníamos banda musical y hemos pasado desapercibidos? ¿Dónde está el orgullo del colegio Dr. José María Egas? **¿Qué les parece si hablamos con las autoridades del colegio y realizamos un evento para obtener recursos y poder armar nuestra primera banda musical?** La gran mayoría de ellos se quedaron algo sorprendidos del plan. «George, estás loco», le dijeron, aunque unos pocos secundaron la propuesta.

Escena 9: Nadando contra la corriente de la autoridad

El día siguiente, aunque para casi todos los que desfilaron sería un día normal, para el joven George sería decisivo, pues tenía que ir hacia el Rectorado para convencer a la máxima autoridad del colegio de su propuesta. **Si bien es cierto que, desde el punto de vista del joven George, todo tenía sentido y la causa era noble, no se encontraría con una respuesta favorable.** El rector, después de escucharlo, le contestó: «¡No! Las leyes no nos permiten pedir ningún tipo de dinero a los padres ni a los alumnos». George salió decepcionado, pero no se dio por vencido. Fue al Vicerrectorado, y ahí la respuesta fue distinta, incluso salió con un plan para ejecutarlo y conseguir su objetivo: la banda musical.

Escena 10: Buscando apoyos dentro y fuera del colegio

Fueron días y semanas tensas e intensas, pues no había ningún precedente, ningún manual para seguir ni ningún adulto comandando, **solo estaba el joven George, con sus cortos quince años y guiado por su intuición, más el apoyo de los compañeros a los que lograba convencer de seguir su visión**. Además, George tuvo que ausentarse de casa en repetidas ocasiones, lo que disgustó sobre todo a su padre, pues no podía ayudar en el negocio familiar (un restaurante), ya que tenía que estar en reuniones por la mañana, tarde y noche con estudiantes de su colegio, explicando su plan, recogiendo el dinero de las donaciones y yendo a pedir presupuestos para encontrar los mejores precios y **comprar la mayor cantidad de instrumentos para armar la primera banda musical de su colegio**.

Escena 11: La indignación dio lugar a un sueño, y este se hizo realidad

Pasaron unos cuantos meses, cinco, al menos, y hubo desafíos, malos entendidos, momentos de lágrimas (en casa y en el colegio) y desertores del grupo inicial. **Pero también llegaron apoyos, nuevas voces que se sumaron y nuevos líderes que aparecieron en el camino**. Jamás se le ocurrió al joven George tirar la toalla, esto iba a salir adelante sí o sí, no era negociable otra opción, pues él se había comprometido con su alma a que esto terminaría en conseguir su sueño. Pasó el tiempo y, al final, se pudieron recoger casi 600 dólares, que, para la época, era bastante dinero: para hacerse a la idea, un billete de transporte estudiantil costaba 9 y 11 centavos de dólar.

Y llegó el gran día, se había armado la banda musical. El joven George lloraba de alegría y emoción, pues **comprendió que una decisión que él había tomado había cambiado el rumbo de la historia**.

Escena 12: El ladrón de su sueño, un amargo resultado

Nada parecía que podía empañar los días posteriores al ensamble de la banda musical; no había espacio para nada más que el regocijo del deber cumplido. Sin embargo, el joven George estaba por aprender una valiosa lección para toda su vida. Él se sentía protagonista y deseaba tocar algún instrumento, se autoasignó el tambor y, aunque no tenía experiencia, estaba dispuesto a tomar clases y esforzarse al máximo para aprender y salir en el próximo desfile. **Pero tuvo un amargo desencuentro con el nuevo inspector, y este lo echó sin razón y sin motivo aparente de la banda musical.** Después de esto, tuvo momentos de dolor y rabia, de sentirse tonto, pues le estaban arrebatando de las manos aquello por lo que tanto había luchado y que había conseguido.

Escena 13: Un maestro que le dio consuelo y amparo

Llegó el día de la inauguración de la banda musical, y George observaba el evento desde afuera, con lágrimas en los ojos y una sensación de amargo resultado. Viviría el mayor de los alivios y aprendizajes a la vez, pues un maestro se le acercó por detrás y, cual padre bondadoso, reposó su mano derecha sobre su hombro y dijo: «Señor Alvarado, enhorabuena, siéntase orgulloso de lo que usted sabe que ha conseguido, pues esto que todos estamos viendo es gracias a usted. **Y, aunque el inspector lo haya sacado de la banda musical, él no le podrá arrebatar esto jamás, es su historia**».

Escena 14: Eres el líder que un día eligió el universo

Este libro va dedicado con mucho cariño a todas esas personas que, sin darse cuenta, ya son líderes, ya tomaron grandes decisiones, hicieron grandes apuestas y salieron victoriosos. Este libro no fue escrito con la intención de inspirarte, sino **con la intención de que lo leas y recuerdes lo grandioso y fantástico que eres**. Por si lo habías olvidado, tú fuiste el espermatozoide más rápido, ya ganaste la carrera más valiosa de tu vida, incluso antes de ver la luz del día.

BIOGRAFÍA DE GEORGE ALVARADO

George Alvarado nació en Ecuador y reside en España.

Es mentor de alto rendimiento, una persona que ayuda a otros a conseguir los resultados buscados, aquellos para los cuales muchos carecen de compromiso o conocimientos.

Es bachiller en Administración de Empresas, graduado con honores. Además, cuenta con diversas certificaciones: *Life Coach* (Universidad Isabel I, España); Dinámicas de Alto Impacto Emocional y Aprendizaje Acelerado (instituto Firewalking, Dallas, Texas), y Autodefensa Psíquica y Tarot Terapéutico (Centro de Armonización Integral, Argentina).

Asimismo, es presidente de la Cámara Internacional de Conferencistas y de la Confederación Internacional de *Coaching*.

Es el creador del método E.P.A.R., que trabaja la reprogramación emocional con fines de desarrollo personal, espiritual y profesional. También forma parte de la plantilla de diversas escuelas de formación en España, instruye a nuevos *coaches*, formadores, oradores y terapeutas profesionales.

Es autor internacional *best seller* por su excelente participación en el libro de Sagas de Éxito® *Universo de abundancia Vol. 2: El poder del amor*.

ANALÍA EXENI

De Argentina

EL PODER DE COMPROMETERTE CONTIGO MISMO

Muchas gracias a cada una de las estrellas que brillan en estas páginas por brindarme **el honor y el enorme privilegio de crear, con la unión de nuestros corazones, esta obra literaria.** Felicito a cada persona que protagoniza este compendio y a nuestra reina, emblema de la Saga *Quebrando Barreras*, Rosemarie Sánchez. ¡Muchas felicidades! Porque **juntos hemos logrado trascender a un mundo mejor a través de este maravilloso libro.**

Walt Disney inspirado en Argentina

Cuentan que, en una ocasión, Walt Disney visitó la Argentina y, en ese viaje, conoció la Ciudad de los Niños, en La Plata. Las personas allegadas a él relatan también que quedó maravillado al conocerla. **En ella se inspiró para fundar el megaparque Walt Disney World.**

Yo no conocía esta historia, me la contaron hace muy poquito tiempo. Quedé impactada, porque jamás imaginé que Walt Disney se hubiera inspirado en un parque argentino. Y la historia dejó un entusiasmo ardiente en mi corazón, porque **entendí que podemos inspirar a otras personas a través de crear cosas maravillosas**, que nacen de un gran entusiasmo y que terminan siendo extraordinarias, fuera de lo común, como, sin lugar a dudas, es este maravilloso parque argentino. La Ciudad de los Niños hace décadas que tiene un éxito rotundo, y también ha sido inspiración para muchísimas personas, como podemos conocer a través de estas letras, por ejemplo, para el magnate Walt Disney.

De la misma manera, entiendo (y esto es un humilde pensamiento mío) que nosotros podemos crear obras colosales de la nada, partiendo simplemente de una idea, de un sueño, de algo que, al inicio, solo está en nuestra mente, en nuestro corazón. Y podemos dar ese paso hacia el compromiso de hacerlo realidad con entusiasmo. De ahí que afirmo que **el poder de comprometerte contigo mismo es la clave de todo éxito**. Muchas veces nos comprometemos con otras personas, con nuestro trabajo y con un sinfín de cosas que pueden agregar valor a nuestra existencia o no. Pero, **si te comprometes contigo mismo, siempre vas a estar un paso adelante hacia la consecución de tus metas**, de tus grandes objetivos y de esos sueños de talla XXL que llevas en tu corazón.

Así que, si hoy tienes un anhelo, algo sin cumplir guardado en tu corazón, pero que a diario rememoras y que sigue presente a pesar de que el tiempo transcurre (porque un verdadero sueño, hasta que no se hace realidad, siempre va a estar latiendo en nuestros corazones), yo te invito a que puedas comprometerte contigo mismo para hacerlo realidad dando un primer paso. ¿Cuál es este primer paso? **Transformar tu sueño en tu meta y escribirla de puño y letra en un cuaderno**; con la escritura de tu meta inicia ese viaje fascinante, que es cumplir el máximo sueño de tu existencia.

Tal vez pueda parecer inverosímil, pero yo te garantizo que este es el camino correcto para hacerlo realidad. **Hasta el más atrevido sueño nació de un pensamiento, de una idea.** Hoy podemos ver a nuestro alrededor innumerables cosas que al principio solo estuvieron en la mente de alguien: aviones, libros, edificios, obras de arte... y todo eso se inició desde cero, en la mente de un ser humano. Luego, transformando ese gran sueño en una gran meta, dando los pasos necesarios, llevando a cabo las estrategias necesarias, todo fue cobrando vida.

Con estas palabras, quiero invitarte a que no te des por vencido, a que te desafíes; **te reto a que te comprometas contigo mismo**.

El acelerador de sueños

¿Cómo podemos acelerar la consecución de nuestros sueños, de nuestras metas? ¿Cómo podemos cumplir más rápido los máximos objetivos de nuestro corazón? La respuesta a todos estos interrogantes es la misma: ayudando a otra persona. Tan simple y claro como eso. **Si nosotros queremos crecer, tenemos que ayudar a crecer a otros**; si queremos cumplir nuestros sueños, tenemos que también ayudar a cumplir los sueños de otros; si queremos lograr grandes objetivos en la vida, debemos ayudar a que otras personas cumplan grandes objetivos. Esa es la fórmula mágica, el acelerador para poder ir más rápido al encuentro de cualquier deseo.

Muchas veces, tenemos grandes propósitos y nos dedicamos en cuerpo y alma a trabajar por ellos, pero en ocasiones no nos damos cuenta de que la clave para avanzar en la vida no es solamente procurar nuestro bienestar, nuestro crecimiento (económico, familiar, laboral...). No se trata solo de nosotros, sino también de los demás. **El mundo es una comunidad, el ser humano es un ser social y, por lo tanto, siempre debemos procurar el bien nuestro y el de las personas que nos rodean**, y devolver de alguna manera lo mucho que nos ha dado el mundo desde que hemos nacido.

Entonces, si hoy quieres ir más rápido, te recomiendo ayudar a otra persona que esté en una condición igual o inferior a la tuya, y que lo hagas de todo corazón, apoyándola en los aspectos que necesite. Aporta tu granito de arena para que pueda ir a la par tuya en la consecución de sus grandes metas.

¿Qué te parece este desafío? ¿Alguna vez creíste que ayudando a otras personas podías crecer más rápido? Si no lo pensaste, te invito a experimentar esto, que realmente es maravilloso; **ayudando a los demás, no solo crecemos más rápido, además, nos enriquecemos espiritualmente y somos millonarios**.

Muchos seres humanos buscan la riqueza, económicamente hablando; conozco a algunos que están en el camino de ganar su primer millón de dólares. Hay quienes dedican su vida a conseguir este capital, pero en el camino se olvidan de que podemos también crear millones de dólares espirituales ayudando a otras personas. No solamente un millón, sino miles de millones, y **podemos ganar y crecer todos juntos transformando el mundo en una comunidad unida, solidaria y muchísimo mejor para todos**.

Entonces, busca acelerar tus proyectos yendo a la par de otra persona de la cual te conviertas en su servidor; busca dedicarte a otros seres humanos y, de esa manera, tu vida se va a transformar en un edén sumamente maravilloso en el cual vas a vivir una vida de abundancia en todos los órdenes, donde la felicidad y la alegría serán moneda corriente. Porque, cuando servimos a otros seres humanos, somos millonarios al instante.

¿Conoces el avión Concorde? Te cuento, por si no lo sabes, que décadas atrás había un avión que volaba a velocidad supersónica, por lo que recorría distancias enormes en muy poquitas horas. Y era un avión, por supuesto, carísimo debido a que era exclusivo, utilizaba muchos recursos costosos para su funcionamiento. Por lo tanto, las personas que tomaban el Concorde tenían un alto poder adquisitivo.

Ahora yo te propongo que seas tú el Concorde de sueños para otras personas, que viajes a velocidad supersónica para ayudar a otros a que sus anhelos se puedan realizar en un abrir y cerrar de ojos. Así, muchos podrán ver realizados sus deseos y sentirán que viajan a la velocidad de la luz a lugares extraordinarios. **Tú puedes ser ese gran acelerador de sueños.**

Tú puedes ser esa superheroína o ese superhéroe que mejore la vida de los demás, facilitando las herramientas para que cumplan los máximos propósitos de su alma.

La existencia de una persona mejora a pasos acelerados cuando se le extiende la mano a quienes vienen a paso lento y rezagado.

Solo podrás dar pasos gigantes cuando te hayas detenido a tomar de la mano a quien ha suspendido su andar por estar perdido y no hallar su verdadero camino. A partir de allí, ambos fluirán en dirección unidireccional, al infinito y más allá…

Decálogo del compromiso

1. Solo por hoy me comprometo conmigo mismo a cumplir todos mis sueños y hacer realidad los más elevados anhelos de mi corazón.

2. Solo por hoy me comprometo con el universo infinito.

3. Solo por hoy me comprometo con mi comunidad, sirviendo de todo corazón y superando las expectativas de las personas que me rodean.

4. Solo por hoy me comprometo con mis amigos y con mi familia; seré atento, servicial y cariñoso; cada vez que compartamos un tiempo de calidad, estaré presente en cuerpo, alma y espíritu.

5. Solo por hoy me comprometo con mi pareja; entregaré todo mi amor en cada momento que compartamos, en las situaciones buenas de la vida y también en aquellas adversas, porque unidos podemos superar cualquier tempestad.

6. Solo por hoy me comprometo con la naturaleza; cuidaré y respetaré el hogar que compartimos los seres humanos: este planeta, cuidando cada gota de agua, cada milímetro de tierra, cada planta, sabiendo que, si cuido nuestro hogar, nuestro mañana será un edén sin fronteras.

7. Solo por hoy me comprometo con el reino animal; respetaré a cada ser vivo que habita

este planeta, sabiendo que todos merecemos paz, respeto, cariño y amor.

8. Solo por hoy me comprometo con la vida, haré que cada día de mi existencia sea maravilloso por el solo hecho de abrir los ojos y tener una oportunidad más de vivir y de sonreír.

9. Solo por hoy me comprometo fervientemente con mi espíritu, haciendo que cada rincón de mi interior crezca cada día un poquito más con amor, valores y respeto.

10. Solo por hoy me comprometo con mis hijos; si tengo la dicha de ser madre o padre, doy gracias a Dios por ese milagro y construyo para ellos una existencia maravillosa. Los amo y los respeto de manera incondicional en todas las situaciones de la vida, aun en las adversas, por lo que me esforzaré para que nuestra familia siempre habite en un paraíso terrenal.

El amor en los negocios, tu varita mágica

Hay dos energías superpoderosas que mueven el universo; ellas son el amor y el odio.

El odio, lamentablemente, en muchas ocasiones, supera al amor. Es su antagonista, su contracara, y es una fuerza devastadora que, como la compuerta de un dique al abrirse, arrasa con todo.

Podemos ver que el odio genera venganza, deseos de acabar con la vida de otras personas, de destruir familias, negocios, etc. Basta con encender el televisor y sintonizar un informativo para ver la cantidad de noticias negativas que hay en el mundo; por desgracia, la mayoría de ellas, movidas por esta energía que es el odio.

A lo largo de nuestra vida, hemos visto más ejemplos de odio que de amor, incluso hemos sido testigos de cómo la vida de algunas personas ha acabado por cadenas interminables de odio.

Además, lo que muchos conocemos como enfermedades no son más que cadenas de odio que se transmiten de generación en generación. **Está comprobado que un odio cultivado por demasiado tiempo puede carcomer el cuerpo e incluso provocarnos enfermedades terribles y mortales.** En las familias aparecen enfermedades hereditarias, como la diabetes, la hipertensión, las úlceras, y tantas otras dolencias que creemos que provienen de nuestros antepasados. Pero también se ha comprobado que lo que se hereda, en realidad, es el odio, y este, cuando persiste, se transmite de generación en generación y nos enferma.

También hemos aprendido que el único antídoto contra el odio es el amor, ese AMOR con mayúscula, que es la única medicina capaz de transformar nuestra vida para bien y de curar nuestras dolencias más intrínsecas, aun las espirituales, las del alma y las existenciales.

Si tenemos suerte y, principalmente, **si somos persistentes en el arte de cultivar el amor, podremos acabar con este gran enemigo llamado odio**, por desgracia, presente en tantos órdenes de nuestra vida.

En este apartado, que trata sobre los negocios, quiero expresarte, querida lectora, querido lector, mi humilde experiencia a lo largo de más de tres décadas trabajando ininterrumpidamente en diferentes empresas y, ya desde hace varios años, en mis propios emprendimientos.

¿Por qué digo que el amor en los negocios es la varita mágica? Lo digo porque esta simbología es maravillosa. ¿Qué vemos nosotros, por ejemplo, en las películas de Disney? ¿Qué hacen los personajes con una varita mágica? Pueden crear de la nada cosas extraordinarias, se pueden visualizar obras magníficas producidas en un abrir y cerrar de ojos, solo con mover la mano, pronunciar unas palabras mágicas y agitar esa maravillosa varita. De la misma manera, **en los negocios, el amor es tu varita mágica porque, con su intervención,**

vas a poder hacer realidad los mágicos sueños que has tenido al iniciarlos, cuando anhelaste triunfar, alcanzar grandes metas, trascender, cruzar los continentes y tener un negocio global. Todo eso es posible si en tu emprendimiento existe este ingrediente fundamental, maravilloso, que es, como dije, el AMOR con mayúsculas.

Sin embargo, no es tan sencillo llevarlo a la práctica. Cuando las cosas marchan bien, es fácil enamorarnos de nuestra empresa, levantarnos todos los días apasionados para ejercer nuestra labor, pero, **en los momentos críticos, cuando los problemas apremian, no es tan fácil amar lo que hacemos y entregarnos por completo a nuestra pasión de llevar adelante nuestro negocio**. Es en esos momentos, justamente, cuando es difícil ejercer el amor, y muchas veces nos caemos, nos golpeamos, nos lastimamos y nos encontramos con emociones muy negativas, más cercanas a su contracara, que es el odio. Porque nos invaden sentimientos de bronca, de impotencia, de estrés, y hasta nos enfermamos emocionalmente, consumidos por los inconvenientes que nos ocasionan la mala administración y las problemáticas que surgen del ejercicio de nuestro negocio.

Este es un camino unidireccional, no tiene retorno. Si caminamos por él, todo se viene abajo, como un castillo de arena que se desmorona con la ola y del que luego solamente queda el recuerdo de su hermosura. De la misma forma, si nosotros retrocedemos en emociones negativas, perderemos la brújula y la dirección de nuestro negocio. **Es en la varita mágica del amor donde debemos depositar todo nuestro anhelo para solucionar los problemas.** Incluso si nuestro negocio está en quiebra, la única manera de reconstruirlo es a través del amor.

Por ejemplo, podemos tener una dificultad con un proveedor porque no ha entregado un producto, o lo ha hecho, pero es de mala calidad. Puede suceder que los proveedores que han trabajado con nosotros por años empiecen a entregar materiales de segunda calidad. **Entonces, la única manera de retomar la excelencia en el servicio con ellos es a través del amor, el respeto y el cariño.** Esto no quiere decir que iniciemos una relación cercana y amorosa con nuestro proveedor, no. Quiero decir que **propiciaremos un diálogo tan respetuoso y amoroso que cualquier proveedor que se haya salido de la senda de la excelencia deseará retomarla inmediatamente**. ¿Por qué? Porque nosotros vamos a comportarnos con él de una manera gentil y muy alejados de la crítica y el reclamo, y muy cercanos a un diálogo de reconstrucción.

Y lo mismo sucede con nuestros clientes, aquellos que se transforman en deudores. ¿Cómo podemos recuperar la relación con ellos? De la misma manera que en el ejemplo anterior, a través de un diálogo colmado de cariño, de respeto y en el que nuestro cliente vea que nos interesa genuinamente y que nuestro único objetivo es recobrar esa relación.

Hay clientes que, luego de haber obtenido un excelente servicio, se apartan y parecieran olvidarse de realizar el pago. Y muchas veces tenemos el deseo de ir a confrontarlos, de iniciar una demanda, de mandar una carta documento... **¿Qué tal que probamos con un diálogo tan cariñoso que el cliente, por cuenta propia, decida presentar un plan de pago?** Así sea de muchísimas cuotas, pero con el objetivo de rencaminar esa deuda que tiene con nosotros y de recuperar la relación.

No hay nada mejor que tener a alguien de por vida, y que no sea un cliente, que sea un amigo, casi de la familia; que sea una persona cercana y que se sienta tratada con tanta dignidad que siempre quiera regresar. **De esa manera, nosotros vamos a crecer con nuestro negocio y vamos a lograr tener clientes de por vida**, en una relación basada en el amor. Como lo expresa el título de este apartado, esa es la varita mágica que va a acrecentar tu negocio hasta el infinito y más allá, porque el amor es una herramienta poderosa. Con él, vas a llegar a lugares inimaginados en tu emprendimiento. **Y es que el amor es algo tan maravilloso que siempre nos permite obtener más; tiene ese efecto de multiplicidad, de incremento, de abundancia.** Podríamos decir que, en nuestros negocios, utilizar la herramienta del amor va a dar como ecuación perfecta una infinita prosperidad.

En uno de los entrenamientos presenciales con mi mentor, Tony Robbins, hablando sobre las máximas estrategias de éxito para los negocios, nos dijo: «No busquen clientes, busquen fans incondicionales». En esa oportunidad, la primera vez que escuché esto, me pareció revolucionario y hoy, muchos años después de trabajar apasionadamente dándolo todo, principalmente amor, he comprendido que esto es totalmente posible si ponemos el corazón en todo lo que hacemos.

La integridad: tu manto de invisibilidad

Una de mis escritoras favoritas es J. K. Rowling, la creadora de la saga *Harry Potter*. En esta historia maravillosa, nos adentramos en un mundo mágico, donde podemos descubrir eventos extraordinarios que no dejan de sorprendernos.

En medio de este sinfín de descubrimientos, en uno de los libros de la saga, conocemos lo que es **el manto de invisibilidad, que le permite a Harry Potter estar presente en diferentes lugares sin ser visto y, por lo tanto, sin exponerse a ningún peligro**. Es realmente maravilloso ver como Harry Potter puede revelar misterios, resolver un sinfín de problemáticas y triunfar en su cometido con la ayuda de su manto de invisibilidad.

Si extrapolamos esto a nuestros emprendimientos, podemos decir que **la integridad es nuestro manto de invisibilidad**. Siendo personas íntegras, triunfaremos en casi todos los ámbitos de la vida; me arriesgo a decir que podemos tener éxito en todo lo que emprendamos, porque **la integridad nos permite destrabar situaciones conflictivas y triunfar**. Podemos alcanzar infinidad de propósitos con esta gran herramienta. Y es importante tenerla siempre: no se es íntegro a veces, acá no puede haber medias tintas, la integridad debe ser transparente siempre. Si se quiebra, no puede reconstruirse. Como cuando un jarrón se rompe y, para repararlo, lo pegamos: siempre quedarán grietas. **Si nosotros faltamos a la integridad, rompemos ese compromiso hacia nosotros y hacia el mundo, y luego nada es igual.**

Cuando un negocio es transparente, ético, íntegro y se desarrolla sobre esas bases, puede crecer de manera infinita y conquistar el mundo entero. Así, genera felicidad a la vida del empresario, de sus trabajadores, de su familia... Pero si se basa en manejos turbios, oscuros, poco íntegros y faltos de ética, de nada sirve todo el dinero que ese empresario pueda ganar porque, a la larga o a la corta, va a traer mucha desdicha a su vida.

Que la integridad te acompañe cuando te ven, pero, principalmente, cuando estás en soledad con la persona más importante de tu vida: contigo mismo. Es mucho más fácil demostrar integridad frente a otros, aunque lo más valioso aparece cuando hacemos lo correcto en soledad y nos demostramos a nosotros mismos que somos personas inquebrantables, honestas en todas las situaciones de la vida, en las buenas y en las adversas.

En infinidad de ocasiones deberemos poner a prueba nuestra integridad, cuando, tal vez, el camino más fácil sea quebrantarla. Como a Harry Potter, a quien el manto de invisibilidad le permitía seguir con vida, nosotros debemos comprender que **lo que va a mantenernos en pie en la mayoría de los casos es nuestra integridad**.

Imagínate que estás en un juicio; pasas al estrado y el juez te hace jurar ante la Biblia a «decir la verdad y nada más que la verdad». No hace falta llegar a ese escenario para demostrar nuestra integridad, porque nuestra palabra debería ser suficiente y más valiosa que cualquier juramento. **En los negocios, debe ser más importante la palabra de una persona íntegra que la firma de cualquier documento** porque, independientemente de la garantía escrita (en mi caso, al menos), la palabra vale más que cualquier papel.

Es en estos momentos difíciles cuando más debemos poner a prueba nuestra integridad. Si mantienes esta firmeza, esta moral, tus negocios van a elevarse y despegar como un avión, cuando carretea y levanta vuelo con fuerza y energía, para remontarse al cielo celeste y llegar a una distancia inalcanzable para el ojo humano. De la misma manera, **todo en tu vida va a despegar a un universo nuevo y extraordinario si lo haces anteponiendo ese manto de invisibilidad que es tu integridad**.

En el año 2010, desempeñándome en la empresa multinacional Walmart, en la gerencia de recursos humanos, fui comunicada por la oficina global de ética que **era merecedora del premio Integridad en Acción, y lo expresaron en idioma inglés: Integrity in Action Award**. Esto me lo comunicaron mediante una carta por parte del presidente de Walmart en Argentina, lo cual implicaba realizar un viaje a los Estados Unidos, al estado de Arkansas (Bentonville), donde se ubican las oficinas centrales de la empresa.

Allí, en el mes de julio del año 2010, nos íbamos a reunir trabajadores de las más de tres mil tiendas de Walmart de todo el mundo. Y de cada país asistiría un abanderado, justamente, la persona merecedora de este premio.

La verdad es que me sorprendí muchísimo por recibir este galardón, fue un honor muy grande, no lo esperaba, pero me gratificó saber que se me brindaba este reconocimiento. Lo que hace la compañía es evaluar a todos sus empleados, a lo largo de un periodo, para ver si las acciones que realizan superan las actividades cotidianas. **Y evalúan cuán éticas han sido en sus diferentes labores y en qué situaciones han superado las expectativas, yendo más allá del común de las actividades.** Para mí fue muy grato saber que la compañía me había reconocido por haber realizado diferentes acciones para mejorar la situación y el clima laboral de sus trabajadores. Habían sido actividades relacionadas con la comunidad en la cual estaba emplazada la empresa, como **ayudar a hospitales de niños, asilos de ancianos, escuelas rurales, centros de madres solteras o de niños con discapacidad, etc**.

La compañía había evaluado que yo había estado atravesando un tratamiento oncológico de quimioterapia y rayos, después de que había sido diagnosticada con cáncer y que, luego de mi cirugía, cuando había empezado el tratamiento, jamás había faltado a mi puesto de trabajo. Incluso, prefería realizar el tratamiento de quimioterapia los viernes a la tarde, para poder tomarme el sábado y el domingo de reposo y el lunes nuevamente estar en el trabajo.

A pesar del tratamiento médico, mi productividad laboral jamás decayó, mi presentismo era excelente. Mi ciudad, San Luis, no contaba con las instalaciones médicas para someterme a radicterapia, y pedí a la empresa el traslado por tres meses a la sucursal de Mendoza, para realizar allí el tratamiento y seguir desempeñándome laboralmente. No solamente no falté a mi trabajo, sino que, cuando me vi afectada por razones médicas, pedí el traslado para seguir teniendo productividad laboral.

En esa época, durante mi labor en la sucursal de Mendoza, presenté un proyecto para hacer una reingeniería en el área de recursos humanos. Pude llevar a cabo varias actividades para mejorar el área de esa sucursal, entre ellas, seminarios de liderazgo para jefes y gerentes; actividades de capacitación y recreativas para la familia. Recuerdo que festejamos el Día del Padre, el Día del Niño, el Día de la Familia y organizamos varias actividades que fueron muy favorables e incrementaron el clima laboral de la empresa de una manera muy positiva.

Todo eso la empresa lo vio con muy buenos ojos y fueron acciones que sumaron a la hora de considerarme para calificar para este premio de la Integridad en Acción.

Mirando una década hacia atrás, es bonito recordar todo esto, pero lo más importante para mí es tomar consciencia de que se hizo con un amor inmenso y sin esperar ningún premio. Esa era mi forma de trabajar, tanto en esta compañía como en otras, y ha sido mi forma de actuar también ante la vida, **gracias a los valores que me inculcaron mis padres desde muy pequeña**.

En mi hogar, siempre he visto como mis padres ayudaban a otros seres humanos. Son personas serviciales, trabajadoras, honestas, transparentes, y estos son los valores que me transmitieron. Doy gracias por ello; si hoy tuviera que volver atrás, no lo dudaría, volvería a actuar de la misma manera. **Porque, cuando tenemos incorporada la integridad en nuestra existencia, vamos a ir por la vida edificando valores paso a paso, siempre intentando superar las expectativas de quienes nos rodean y, principalmente, las nuestras.** Y así deberíamos actuar en nuestro lugar de trabajo, en nuestra familia, en el centro educativo o deportivo al que concurrimos.

Es muy bonito saber que, si no hemos tenido la oportunidad de descubrir esto tan maravilloso, es cuestión solamente de incorporarlo a nuestra vida y ver cómo nuestro alrededor se transforma. Porque, sin lugar a dudas, la integridad va a transformar de manera superpositiva tu vida.

¿Cuál es la empresa más grande del universo? ¡Tú mismo!

Cuando miramos en retrospectiva nuestra vida, nos damos cuenta de que pasamos la mayor parte del tiempo de nuestra existencia trabajando, trabajando y trabajando. Eso no está mal, pero muchas veces (o la mayoría de las veces) nos enfocamos en trabajar para «sobrevivir», más que en «vivir como nos merecemos». Y suele suceder que dicha focalización está direccionada unilateralmente a mantenernos con vida y cubrir nuestras necesidades básicas, tales como alimento, vestimenta, vivienda, etc. **Son las necesidades de la base de la pirámide de Maslow (las fisiológicas y de seguridad) las que mayormente buscamos cubrir con el trabajo que realizamos, intercambiando nuestro tiempo por una remuneración en dinero.**

Es en el camino de la supervivencia donde dejamos los mejores años de nuestra vida pensando que es lo correcto, porque de esa forma también lo han hecho nuestros padres y nuestros abuelos. Muchos de nosotros heredamos esta forma de actuar e, independientemente de la situación laboral y económica que tengamos, sea esta de carencia o prosperidad, nos dedicamos a trabajar y trabajar con este fin, sin considerar que **hay otras cosas que la vida nos ofrece, casi gratis y casi sin esfuerzo, y que están allí, al alcance de nuestras manos; solo esperando a que vayamos a disfrutarlas.**

Pero el verbo *trabajar* muchas veces no se conjuga junto con el verbo *disfrutar*... pareciera que son incompatibles, que no se pueden unir, algo así como el agua y el aceite. Pero, si agudizamos un poco el ingenio, podemos darnos cuenta de que no solamente pueden unirse, sino que pueden fusionarse y hacerse uno solo.

<u>Trabajar = disfrutar</u>

Esto se dará en la medida en que comprendamos que **el trabajo no es únicamente un medio de supervivencia, sino también de realización del ser humano, de dignificación y de deleite.**

Un amigo me contó que el primer día de su primer trabajo, cuando tenía dieciocho años, lo asaltó una pregunta alarmante: «¿Tengo que hacer esto mismo por treinta años, hasta que me jubile?». Pensó que sería mortificante ir a un trabajo día tras día por el resto de su vida; ya que ese trabajo no era de su total agrado, sino que lo desempeñaba para costear sus estudios universitarios y pagar sus gastos. En este caso, el fin sí justificaba los medios, pero igualmente «pesaba mucho», no era llevadero, y mucho menos grato. Ese trabajo de ese amigo mío no era para disfrutar, sino que era para padecer, para sufrir; dicho por él mismo.

Este breve relato nos es familiar a varios, e incluso muchos de nosotros hemos pasado por situaciones similares: hemos ido a un establecimiento (llamémoslo empresa o trabajo) a «padecer»... **a esperar que los días laborales pasen rápido y llegar al tan ansiado fin de semana para descansar de eso que nos atormenta**, de eso que no nos gusta hacer.

Y cuando llega el bendito fin de semana, la mayoría se atiborra de comida o ahoga sus penas en alcohol, y así va malgastando su vida; la cual gota a gota se extingue lentamente. En un abrir y cerrar de ojos, pasan treinta años y llega la tan anhelada jubilación, la cual no es lo que se había esperado, porque los ingresos son magros y a duras penas alcanzan para los medicamentos necesarios para sobrellevar una vida descarrilada, en la que **una forma inadecuada de vivir y la mala alimentación, el tabaquismo o el exceso de alcohol han dejado sus grietas, han dejado serias secuelas.**

Entonces, es necesario tomar una medicación diaria para vivir medianamente bien el tiempo que queda... E incluso hay personas que han maltratado tanto su cuerpo (por ejemplo, fumando dos atados de cigarrillos cada día) que, al momento de jubilarse, deben llevar a cuestas un tubo de oxígeno, sin el cual no pueden vivir. **Todo esto, en el marco de haber sufrido a causa de un trabajo odiado y haber dejado pasar décadas sin hacer un cambio favorable al respecto.**

¿Por qué pasa esto? A mi humilde entender, esto sucede porque, **en el camino por trabajar, nos hemos olvidado de disfrutar**.

Querida lectora, querido lector, si hoy te hago esta pregunta: ¿cuál es la empresa más grande del universo?, tú, ¿qué me responderías?

Cuando pensamos en una empresa, generalmente la imaginamos como lo expresa el diccionario.

Definición de *empresa*:

1. Acción o tarea que entraña esfuerzo y trabajo.

   Ejemplo: «Escribir una novela es empresa difícil y larga».

2. Entidad en la que intervienen el capital y el trabajo como factores de producción de actividades industriales o mercantiles o para la prestación de servicios.

   Ejemplo: «Una empresa de servicios editoriales».

Entonces, para ti, ¿qué es una empresa?

¿Es algo externo o interno?

¿Es algo difícil o fácil?

¿Es algo alcanzable o inalcanzable?

A muchos de nosotros nos han dicho que las empresas más grandes del mundo son las más ricas y poderosas, económicamente hablando. Pero jamás nos han enseñado, ni en la escuela ni en casa, a empoderarnos a nosotros mismos haciéndonos saber que la empresa más grande del universo somos nosotros.

Por eso, querida lectora, querido lector, con el mayor amor y respeto hoy yo te digo a ti:

¡La empresa más grande del universo eres tú mismo!

Por favor, date la oportunidad de analizar a fondo esta afirmación y de reflexionar en lo siguiente: ¿qué pasaría si dedicas tiempo y amor a pensar y actuar de esta manera? Puede suceder que te resistas a hacerlo porque vienes con una inercia de muchos años, tal vez décadas, pensando y actuando de manera opuesta, y es natural que al principio no puedas revertir esta ecuación tan negativa. **Pero, como todo en la vida, lo natural es dar el primer paso, aunque sea un paso forzado, aunque sea un paso difícil de dar; lo importante es darlo e iniciar un cambio transformacional de tu existencia.** Es tomar las riendas de tu vida y convertirte en el presidente de tu empresa y ser ese ser humano que está al mando y quien, a partir de ahora, dirige el timón hacia nuevos puertos, esos destinos que, sin lugar a dudas, serán paradisíacos, maravillosos, como siempre lo has soñado...

¡Ha llegado la hora de hacer realidad el sueño de ser un empresario de éxito! ¿Te atreves a intentarlo? Tal vez *a priori* piensas que tienes mucho que perder, principalmente, energía y tiempo… pero, si puedes descubrir al menos una sola cosa nueva que contribuya a mejorar tu calidad de vida y, por ende, te permita disfrutar más, yo te garantizo que esas nuevas tierras que estás a punto de colonizar serán exuberantes y hermosas, le darán muchísimo brillo a tu mirada y un sinfín de bienestar a tu alma.

¿Vamos?

¡Aventúrate a lo desconocido! Déjate llevar por la brújula de tu espíritu.

Tal vez estés iniciando una travesía hacia la empresa más grande de tu vida: ¡tu ser infinito!

Primero necesitamos estar solos para luego tener compañía

Conocerte a ti, en lo más profundo de tu ser, tal vez sea la tarea más difícil de tu vida.

El mundo está lleno de «ruidos», que nos distraen permanentemente y nos desvían de nuestro propósito de vida. Sin querer, nos vamos apartando de esa gran misión a la que hemos venido a esta tierra. Cada uno de nosotros sabe, en el fondo de su corazón, la razón por la que vive, pero muchas veces el ruido externo es tan potente que nos aleja de esa voz única, que es la de nuestro espíritu, la cual sabe perfectamente la senda que debemos transitar para tener una vida repleta de abundancia y bienestar, no solo para nosotros, sino también para los demás. Porque, cuando realizamos nuestro propósito de vida más elevado, es cuando más útiles somos a otros seres humanos. Es algo que se da con naturalidad y representa un bálsamo de prosperidad.

Para lograr la excelsitud del espíritu, es necesario alejarnos de todo y de todos y conectarnos con esa parte especial que somos nosotros mismos.

Lo valioso en este plano es darnos cuenta de que todo lo que nos hace daño, todo lo que no nos gusta y nos lastima y todo lo que se aparta del amor y la paz y, por ende, de la armonía es lo que desvía nuestro camino.

Lo que naturalmente hacemos las personas con el afán de «sobrevivir» es sobreadaptarnos a todo eso, a lo negativo, a lo que no nos agrada, a lo que muchas veces nos deja heridas que sangran. Porque la sobreadaptación, en muchas ocasiones, parece ser la única senda que vislumbramos. Yo lo sé, porque por décadas he estado sobreadaptándome de una manera terrible a muchas cosas que hoy, mirando para atrás, veo como una pesadilla. Pero he tenido el valor de despertar y tomar el liderazgo de mi existencia y ponerme la meta de elevarla hacia un nuevo universo de armonía y cariño. Poco a poco, lo estoy logrando; voy lento, pero a paso firme. **No**

obstante, lo más valioso para mí, y creo que para cualquier otra persona, es poner en *off* el ruido externo y poner en *on*, de manera definitiva, la música del corazón. Allí y solo allí está la melodía que es única para cada ser humano, ese concierto de amor, de dicha, de pasión, de alegría, de gran celebración que invita a edificar una vida de ensueños, una vida gloriosa y celestial, pero con los pies bien firmes en la tierra.

¡Te garantizo que sí se puede lograr! Porque, si yo he podido, cualquiera puede. Solamente es necesario, primero, darnos cuenta y aprender a ser felices en soledad, a ser personas dichosas con uno mismo, y luego recién podremos ser mucho más felices en compañía de otros.

Porque cuando estás bien contigo mismo, puedes estar bien con todo el universo. Por el contrario, si estás mal contigo, vas a generar una guerra multiplanetaria.

Procura descubrir las maravillas de tu interior antes de encontrar riqueza externa... te garantizo que allá afuera no hay nada que valga más que la fortuna de tu espíritu. De esto, lamentablemente, no se habla en las escuelas, allí solo aprendemos materias que nos permiten interactuar con el mundo exterior, con las personas que nos rodean, pero pocas veces nos han enseñado a darnos el verdadero valor y la importancia que merecemos en primer término.

Descubriendo mi grandeza interior

La grandeza de una persona está directamente relacionada con aquello que más ama. Las personas amamos diversas cosas, pero hay algo especial que amamos más que nuestra misma existencia.

Es mucho más fácil de lo que el común de la gente cree, y es justamente su sencillez lo que a muchos les da desconfianza y no se atreven a decir: «Sí, esto es lo que más amo». En ocasiones pensamos que debemos amar cosas extravagantes, complejas y difíciles e inalcanzables... **Nos sentimos que somos poca cosa siendo personas sencillas, comunes y corrientes.**

Recuerdo la primera vez que escuché a un mentor decir: «Somos personas ordinarias haciendo cosas extraordinarias»; me impactó. Ahora ya muchos han leído o escuchado esta expresión y les es casi familiar. Espero con ilusión que lo mismo suceda con la búsqueda de la «grandeza interior». Deseo de todo corazón que sea un camino llano y sencillo para cualquier persona que se proponga esta empresa.

En mi caso, como muchos saben (mis lectores, amigos y familia), la encontré al borde de la muerte; sí, cuando ya me despedía de este mundo terrenal, con un diagnóstico de cáncer terminal. Entonces pude descubrir que la grandeza de un ser humano está directamente relacionada con aquello que más ama hacer. En lo personal, lo que más amé, lo que más amo y lo que más amaré, hasta el día de mi partida definitiva de esta tierra, es escribir libros. Encontré en mi oficio de escritora la mayor felicidad, la mayor dicha, el mayor bienestar que nada ni nadie me ha proporcionado jamás... **La dicha más grande me la he proporcionado yo misma al ejercer mi verdadero propósito de vida que es, fue y será ser escritora.**

Tal vez hoy te des cuenta de que lo que más amas en la vida es algo tan sencillo, pero de un poder infinito que eleva tu vida a un verdadero paraíso.

Yo te invito a que te atrevas a descubrirlo... Yo he podido, lo he logrado y ese descubrimiento (te lo juro) me ha salvado la vida. Gracias a ello tengo una segunda oportunidad... Es la senda que estoy transitando ahora mismo, mientras escribo estas humildes palabras para ti.

Mi querida lectora, mi querido lector, gracias por permitirme llegar a tu corazón a través de mis latidos. Ahora ya somos uno en estas páginas. **A quien lea esto le digo: te amo, gracias por ser parte de mi vida, gracias por permitirme compartir la grandeza de mi espíritu.**

Recuerda: la grandeza del alma de un ser humano está directamente relacionada con aquello que más ama en la vida.

¿Te atreves a descubrir tu grandeza?

Si eres una persona de fe, yo te digo: no busques a Dios fuera, busca a Dios dentro de tu corazón, allí, en el lugar donde eres más feliz y próspero.

Allí donde eres un ser humano dichoso, allí hallarás a Dios.

El poder más grande del mundo siempre ha estado contigo, desde el día de tu nacimiento. Es el máximo poder del universo, que es lo que está latiendo ahora en tu corazón...

Haciendo lo que le da sentido a tu existencia serás millonario

Buscar la fortuna afuera es como buscar flores en el desierto.

La mayoría de nosotros hemos trabajado muy duro a cambio de dinero. Así año tras año, década tras década, persiguiendo una remuneración digna para llevar adelante nuestra existencia. Pero en el camino hemos servido más a otras personas que a nosotros mismos.

Tal vez muchos han logrado ser millonarios en términos monetarios, pero, si en el fondo no han logrado la felicidad, de nada ha valido la pena.

¡Haciendo lo que le da sentido a tu vida siempre serás una persona millonaria! Porque día tras día **tendrás una meta que te eleve sobre todas las adversidades del mundo y te permita seguir adelante** como una gladiadora, como un gladiador, y ser una persona triunfadora y dichosa.

Anteriormente te contaba que yo descubrí en mi oficio de escritora la senda más gloriosa de mi vida. Y, al lograrlo, mi vida automáticamente se elevó. Hoy soy una persona acaudalada. **Nada externo jamás me dio tanta riqueza como ejercer a diario mi labor.**

La vida, lamentablemente, es efímera. Si hoy me tocara partir, te garantizo que lo haría feliz, porque ya he realizado mi propósito de vida. No solo para mí, sino también para otros, a quienes he ayudado a encontrarse a sí mismos y cumplir su máximo propósito de vida. Porque eso es lo más hermoso al hacer lo que uno ama, siempre podemos ayudar a que otras personas sean millonarias en el camino.

Hacer lo que más amas en la vida te dará la fortuna más grande del universo.

El amor es multiplicador. Por eso busca primero el amor, y te garantizo que serás un ser humano multimillonario.

Decálogo ce un empresario de éxito

1. Solo por hoy honra y valora tu tiempo y tu salud psicofísica como tu mayor fortuna. Invierte tus horas en mejorar la calidad de tu existencia; así, solo así, tu empresa crecerá a la par. Pero, por el contrario, si dedicas excesivo tiempo para hacer crecer tu negocio en deterioro de ti mismo, a la larga o a la corta nada habrá valido la pena, porcue ninguna riqueza material compensa la riqueza espiritual. Cuerpo, mente y espíritu deben estar unidos en una sola meta: una vida plena de bienestar.

2. Solo por hoy haz lo que amas de verdad. Apasiónate y ama con vehemencia lo que haces. Tu negocio crecerá hasta niveles inimaginados si de verdad está construido sobre las bases de un amor infinito. Todos amamos con locura algo en especial... si edificas tu empresa con esta premisa, tu negocio siempre irá en crecimiento; porque el amor todo lo multiplica por números infinitos.

3. Solo por hoy crea un *boom* empresarial. Haz una revolución que mejore la vida de miles de personas, agregando valor y entregando excelencia.

4. Solo por hoy honra a tus padres en vida, y tendrás la abundancia infinita en todos los órdenes de tu existencia.

5. Solo por hoy desata el poder del optimismo en tu vida y contagia a tu equipo de trabajo y a todos los miembros de tu organización. El optimismo tiene un efecto multiplicador, en poco tiempo habrás conseguido trascender fronteras.

6. Solo por hoy ayuda con amor a través de tu propia fundación. Si aún no la tienes, puedes iniciar hoy mismo una revolución de solidaridad creándola; esta potenciará tu crecimiento empresarial.

7. Solo por hoy da el primer paso para crear tu sistema de franquicias. Si ya tienes un negocio exitoso, no te quedes con esa única experiencia: da el siguiente paso... Sistematiza tu empresa. Desata un universo de abundancia ilimitada a través de franquiciar tu marca.

8. Solo por hoy no busques el éxito empresarial, en su lugar, sé gentil, atento, respetuoso, ético y servicial con todos los miembros de tu equipo de trabajo, con tus proveedores y clientes. Solo excediendo las expectativas y sirviendo con amor a todos los que te rodean, el éxito golpeará tu puerta y muy pronto todas las personas que trabajan contigo excederán tus expectativas en todas las áreas de tu vida. Porque solo haciendo florecer a los demás tú también florecerás. Tu jardín será exquisito.

9. Solo por hoy no busques el liderazgo para brillar y resaltar ante otros, solamente sé excelente en

todo lo que haces y, por añadidura, serás una estrella con luz propia que iluminará a los demás.

10. Solo por hoy focalízate en la capacitación continua, porque un auténtico líder siempre busca el mayor crecimiento para todos los miembros de su empresa y para sí mismo y, en ese camino, el entrenamiento continuo es la mejor estrategia para lograr la excelencia.

Este es un fragmento del libro *Empresarios de éxito: Tu empresa, tu libro*. Te invito a descubrir esta obra literaria que, con muchísimo amor, escribí para ti.

Te abrazo con todo mi cariño,

Analía

BIOGRAFÍA DE ANALÍA EXENI

Analía Exeni es una reconocida empresaria editorial y una prestigiosa escritora internacional *best seller*; sus más de cien obras literarias han triunfado en varios países y han ocupado los primeros lugares en los *rankings* de los libros más vendidos.

En su amplia carrera profesional de más de veinticinco años, se desempeñó como gerente de recursos humanos en empresas multinacionales y también fundó y dirigió su propia consultora de desarrollo organizacional, en la que formó líderes empresariales; algunos hoy ocupan cargos jerárquicos y otros han triunfado internacionalmente con sus propios emprendimientos. Impartió capacitaciones sobre liderazgo y desarrollo empresarial en empresas, universidades y colegios. Analía garantiza que «el talento humano es ilimitado, solo necesita ser desafiado».

En su gran labor filantrópica, ayudó a través de su fundación a personas e instituciones con entrenamientos para que «desarrollen su máximo potencial». Como experta en liderazgo, ha ayudado a miles de personas a alcanzar el éxito y la felicidad.

Es conferencista internacional, *coach* empresarial, licenciada en Administración de Recursos Humanos y máster en Administración de Negocios.

Con respecto a su labor literaria, afirma lo siguiente:

«Mi objetivo de vida es aportar herramientas para la construcción de un mundo mejor».

«Nací siendo escritora y partiré de este maravilloso mundo siendo escritora. Porque escribir, para mí, es como respirar o sonreír, es lo más natural del mundo y es lo que hago a diario con todas las células de mi cuerpo conectadas con el universo de mi espíritu».

«Escribo desde que tengo consciencia y uso mi razonamiento y mi pasión para escribir desde el alma. Aproximadamente a los diez años, comencé a escribir mis primeros poemas y cuentos y, hasta la fecha, sigo escribiendo con el mismo ímpetu de esa pequeña niña llena de frondosas ilusiones».

A lo largo de su vida, ha escrito y publicado más de cien libros de su propia autoría. Muchos de sus textos habían quedado archivados en el baúl de los recuerdos, pero, luego de atravesar por un cáncer y de tener la fortuna y la fortaleza de sobrevivir, ha decidido sacar a la luz todos sus libros inéditos. Por eso, paso a paso, su creación completa se está mostrando al mundo, y supera ya la centena de libros. Esta meta es la que la mantiene viva cada día y por lo que trabaja incesantemente, entregándose en cuerpo y alma.

Sus obras literarias han triunfado en varios países y han ocupado los primeros lugares en los rankings de los libros más vendidos en Australia, Brasil, Canadá, España, Estados Unidos, India, México y Reino Unido. A su vez, es coautora de decenas de libros en idioma español e inglés, junto con otros autores de diferentes países.

Escribe apasionadamente con el propósito de nutrir nuestra calidad de vida. Por un lado, sus libros de liderazgo, desarrollo humano, sus novelas y sus sagas de superación personal figuran entre las publicaciones más destacadas. Por otro lado, entrena en escritura a personas sin límite de edad, con diferentes oficios y profesiones, y con capacidades diferentes.

Analía nació, creció y vive en Argentina, país maravilloso, lleno de desafíos constantes. Las crisis que allí atraviesan permiten a sus habitantes aprender destrezas para no estancarse, innovar y crecer.

Ha fundado tres compañías: Éxito Consultora®, Academia Autores de Éxito® y editorial Ediciones Autores de Éxito® con idéntica misión: servir al planeta; además de la Feria del Libro Autores de Éxito® Texas 2024. Asimismo, es cofundadora de Sagas de Éxito® y de Universidad de Éxito®. A través de la Fundación Autores de Éxito®, colabora con personas que atraviesan enfermedades oncológicas, con sobrevivientes de cáncer y con personas con discapacidad para que puedan cumplir el sueño de escribir y publicar sus primeros libros. Le gratifican muchísimo las actividades filantrópicas.

Es la creadora del sistema de enseñanza Analibro®, que permite escribir un libro *best seller* con un método sistematizado, iniciando desde cero, y de Autores de Éxito Award®, prestigioso premio que se entrega a autores de todo el mundo que han logrado un rotundo éxito con sus libros. También ha creado el Premio Literario Analía Exeni Autores de Éxito®, otorgado por la editorial Ediciones Autores de Éxito® como reconocimiento al talento y la excelencia de autores de todo el mundo, acreditados a través de sus libros, que son semilla que germinará en favor de la cultura mundial. Asimismo, es la fundadora de los galardones Conferencistas de Éxito Award®, Emprendedores de Éxito Award®, Empresarios de Éxito Award®,

Líderes de Éxito Award® y el sistema Gestión Integral del Talento Humano®.

A través de sus emprendimientos, se desempeña activamente en más de treinta países.

Entre sus múltiples actividades, trabaja junto a su hija, Delfina Piña Exeni, desde Vancouver, Canadá, promoviendo su editorial y sus libros a nivel internacional. Asimismo, ha sido conductora del programa de radio y televisión digital Autores de Éxito®.

En más de dos décadas de trayectoria, ha cosechado mucha felicidad. El camino emprendido parece ser el correcto: a pesar de los golpes, se levanta con una sonrisa y con ganas de brindar a los otros lo más preciado de sí.

Ha recibido el Doctorado Honoris Causa, distinción que fue otorgada en México el 21 de agosto de 2021 por el Colegio Internacional de Profesionistas C&C; el Colegio Internacional de Profesionistas de la Educación y del CAPIE AC; la Academia Española de Literatura Moderna en México; la Academia Internacional de Ciencia, Arte, Cultura y Educación; la Columbus International Business School, y el Registro Nacional de Instituciones y Empresas Científicas y Tecnológica (RENIECYT).

Ha sido distinguida con el premio a la Integridad en Arkansas, Estados Unidos. También fue reconocida en México y en Argentina, naciones ambas donde disfruta dictando, como voluntaria, capacitaciones en hospicios y cárceles. Pero nunca las distinciones son el objetivo de su trabajo, aunque le resulte grato recibirlas y por ello se sienta honrada y agradecida.

Su mayor entusiasmo reside en dejar, a través de sus libros, una huella, un mensaje de esperanza y aliento; que percure y florezca en infinitos corazones, de generación en generación.

¡Te invitamos a descubrir su universo!

www.analiaexeni.com

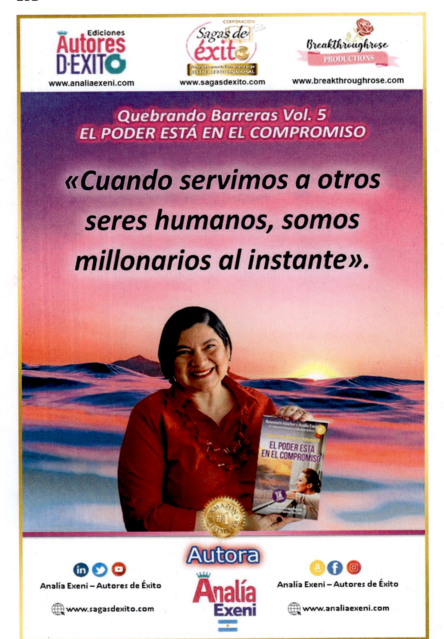